TERRES
D'ENFANCE

ACE

éditeur

Collection dirigée
par Dominique Balland
et Patrick Renaudot

ISBN : 2-86664-021-7

TERRES
D'ENFANCE

L'enfance est-elle un paradis perdu ? C'est à cette question que se proposent de répondre les auteurs de la collection « Terres d'enfance ». A partir de leur région, de leur ville ou de leur quartier d'origine, ils déroulent ici le fil d'Ariane de leurs souvenirs et nous invitent à retrouver les émotions de l'âge tendre.

« Terres d'enfance », c'est tout à la fois une géographie sentimentale et un album de famille dont les photographies se mettent à parler pour évoquer de manière impressionniste un monde de sensations, de goûts et d'odeurs, un univers singulier suspendu entre mémoire et imaginaire.

Du même auteur

Messieurs du Canard, Stock.
La bande à Charlie, Stock.
Les tilleuls de Lautenbach, Stock.
Le partage du sang, Stock :
  Tome 1 : Louis Freyburger
  Tome 2 : Les enfants de Louis
Contre le service militaire, Berger-Levrault.
L'abattoir solennel, Guy Authier
Un mur entre deux mondes, Denoël.
Le Canard Enchaîné, Seghers/Humour.

Jean

Egen

Le Hans du Florival

Une enfance alsacienne

récit

ACE ÉDITEUR

Jean Egen est né en 1920, dans une auberge de Lautenbach, en Alsace.

Écrivain et journaliste (il a collaboré notamment au *Canard enchaîné* et au *Monde*), il est l'auteur, entre autres, des *Tilleuls de Lautenbach*, livre pour lequel il a reçu, après Alfred Kastler et Tomi Ungerer, le Grand Bretzel d'or.

Où se trouve le centre du monde? Les opinions divergent. Les chrétiens le situent à Rome, les Juifs à Jérusalem, les anguilles dans la Mer des Sargasses et les intellectuels parisiens aux Deux-Magots. Quant à moi, je le situe dans la vallée de Guebwiller où je suis apparu, voici plus de douze lustres, un jour où le soleil était dans le signe du Lion. Si j'en crois ce que disait mon père, lorsque Dieu le Père se penche sur la terre pour contempler sa création, ce n'est pas sur les chutes du Niagara que se porte son regard, c'est sur mon humble vallée. Alors, il appelle ses anges, venez les petits, venez voir comme c'est beau et les anges accourent de tous les coins du ciel et leurs millions de prunelles brillent comme des turquoises, c'est ce qui rend le firmament si bleu... Ça ne veut pas dire que j'ai passé mon enfance parmi les séraphins. J'ai eu pour compagnons des petits démons et de petites diablesses, pour éducateurs de fort joyeux tontons et pour protectrice une grand'maman kugelhopf. Sans parler d'un ami cheval, de plusieurs copains chiens et d'autres créatures qui n'attendent que le lecteur pour revivre.

Jean Egen

A Pierre Jodry

La ruée des souvenirs. Miction accomplie.
Le peuple des femmes. Les enfants du Bon Dieu.
Un drôle de zouave.

Les souvenirs, c'est un peu comme les bœufs qu'on voit dans les westerns, quand la nuit tombe et que s'allument les feux de camp. Ils paissent, ils ruminent, ils rêvent, ils accompagnent de beuglements mélancoliques les guitares des cow-boys, mais qu'un imbécile tire un coup de feu ou assène une claque un peu trop bruyante au râble de l'un d'eux et c'est aussitôt la panique, le déferlement d'un océan de viande affolée, oui, les souvenirs c'est un peu comme ça, on en réveille un et c'est tout le troupeau qui s'ébranle, vous pouvez toujours courir pour les mettre en rang et les parquer dans un bouquin, il faut les prendre comme ils viennent, les attraper doucement, un par un, au lasso de la mémoire, tenez, en voici un, je dois avoir quatre ans, du moins c'est ce qu'on me dit et c'est ce que je réponds aux gens qui me demandent mon âge, je sais aussi que j'ai dix doigts, quand je n'en trouve que huit ou neuf, c'est que je me suis trompé en les comptant, des noms j'en ai plusieurs également, papa m'appelle Jean, mes petits copains me nomment Changui, c'est un diminutif de Jean en dialecte haut-rhinois mais un diminutif bourru que se réservent les mâles, il en existe un autre, tendre et musical et qui est Changala, c'est celui qu'utilisent ma mère, ma grand-mère et les petites filles qui me veulent du bien, c'est de celui-là que nous allons nous servir.

Donc, en cet hiver de 1924-25, le Changala a entre quatre et cinq ans et il est à l'école maternelle, tenaillé par un besoin pressant. Il lève la main pour la petite commission, la maîtresse l'autorise à sortir, il court vers le mur d'ardoise, il déboutonne sa braguette, il fouille dans sa culotte mais il fait un froid de loup, ce n'est pas un temps à sortir les zizis, pour préserver le sien on l'a mis à l'abri sous plusieurs épaisseurs de vêtements. Voyant qu'il n'arrive pas à le dégager et sentant sa vessie gonfler comme soupe au lait, le voilà qui s'affole et réclame du secours : « Mam'selle, Mam'selle ! » La maîtresse entend l'appel, elle accourt aussitôt, demande ce qui se passe. « Mam'selle, dit le marmot aux abois, *er fend mi spatzala nem*, je ne trouve plus mon petit moineau ! »

Mlle Hossenlopp arrondit le sourcil, elle subodore un piège, *un spatzala* ne se perd pas comme ça, à l'école maternelle, le Changala s'est acquis une solide réputation de farceur, sa tête est pleine de pensées malicieuses, il est tout à fait capable d'inventer une histoire pour attirer sa maîtresse auprès de son moineau, pourtant son regard ne trahit aucune ruse, il n'exprime qu'une immense inquiétude, il suffit de voir le marmot danser d'un pied sur l'autre pour juger de sa détresse, alors Mademoiselle intervient, elle baisse la culotte de velours et trouve une culotte de laine, elle rabat la culotte de laine et découvre une ceinture de flanelle, elle attaque la ceinture de flanelle et tombe sur un caleçon de coton, elle défait le caleçon de coton et dégage enfin deux petites fesses rondes et roses comme celles des angelots qui entourent la Vierge et le Christ dans les tableaux religieux. Quant au petit moineau, c'est avec un cri de joie que le déculotté salue sa réapparition : « Ça y est, dit-il, je le tiens par les oreilles ! » Il ne lui reste plus qu'à darder sa lancette vers l'azur pour obtenir un jet dont la couleur a l'éclat d'une pluie d'or et la trajectoire l'ampleur d'un arc-en-ciel.

Son visage rayonne. Il trouve ce jaillissement très beau, il le trouve aussi très agréable, il a le tempérament épicurien, il sait déjà qu'une miction généreuse fait partie des bonheurs de la vie et que le plaisir de boire a pour humble et précieux corollaire celui d'éliminer... Mais le froid reste intense et sitôt le jet lumineux retombé, Mademoiselle s'empresse de remettre l'arroseur et sa bistouquette dans leur capitonnage, non sans s'émerveiller de cette quadruple protection. Aussi demande-t-elle qui le cuirasse ainsi. « *Es sen d'Wiwer !* » répond le marmot.

Traduisez l'expression par « ce sont les femmes » et le point d'exclamation par une moue légèrement condescendante. Ce n'est pas que le Changala soit phallocrate comme on ne dit pas encore, mais le comportement de son père, de ses oncles et des autres mâles alsaciens lui a inculqué une certaine idée du *Wiwervolk*, terme qui signifie « peuple des femmes » et qu'on emploie pour désigner la féminine engeance. A quelques exceptions près, comme la vieille Élise qui a un caractère de chien et du poil au menton, ce sont des créatures adorables que Dieu a mises au monde pour le plaisir et le service des hommes et, dans le cas qui nous intéresse, pour nourrir, vêtir, soigner, câliner et distraire le Changala, le laver des oreilles aux orteils avec une sollicitude toute particulière pour son derrière et son petit moineau.

Sa servante la plus fidèle est évidemment sa mère mais elle est aussi sa reine et le marmot se liquéfie de tendresse et de reconnaissance quand il est bichonné par elle. Malheureusement, sa santé est fragile et l'oblige souvent à confier son enfant à des mains plus vaillantes, si bien que le Changala dispose de toute une constellation de mamans intérimaires dont il exploite de son mieux la bonté. Au-dessus de tout règne sa grand-mère, madame veuve Édouard Herrgott, propriétaire du café-restaurant du Centre à Lautenbach, Haut-Rhin.

Il ne m'aurait pas déplu de naître prince héritier, enfant de milliardaire ou fils d'académicien. Mais une naissance illustre ne m'eût pas rendu plus fier que mon ascendance limonadière. L'établissement de mon aïeule était un lieu béni. On y trouvait tout ce dont le corps et l'âme ont besoin, le boire, le manger, des tables pour les coudes, des bancs pour le derrière et des amis pour la conversation. Mais avant de vous faire visiter la maison il me faut vous dire comment le Changala y a fait irruption.

Mon grand-père Herrgott (traduisez par Seigneur

Dieu) malgré les perspectives d'éternité qu'aurait dû lui ouvrir son prestigieux patronyme, est mort le 4 décembre 1914, jour de la Sainte-Barbe. Sur les douze petits seigneurs dieux qu'il avait fait à ma grand-mère, quatre étaient morts eux aussi, cinq s'étaient mariés, trois étaient restés à bord du navire paternel : Nicolas et Édouard sur le pont, je veux dire dans la salle, Babette aux cuisines.

Nicolas, dont un obus avait mis les fémurs en fagot, était revenu de la guerre avec les pattes fragiles et la carcasse truffée d'éclats dont plusieurs avaient résisté à toutes les tentatives d'extraction. Comme les tourments de sa chair assombrissaient son esprit, il combattait ses dépressions par le riesling, dont les vertus euphorisantes sont bien connues des malheureux. Un dimanche de juin 1919, jour de la Fête-Dieu (Herrgottstag en alsacien), le village croulait sous les fleurs et les oriflammes lorsqu'un personnage plus coloré que tout le reste pénétra dans l'auberge. Nicolas, dont le vin blanc avait notablement obscurci le regard, le prit pour un perroquet exotique, confusion d'autant plus naturelle que le quidam parlait. Il le complimenta pour son étonnant plumage et lui demanda s'il n'était pas de la famille des cacatoès. Sans se départir de son calme, le personnage répondit qu'il appartenait au corps des zouaves et qu'il revenait du Tonkin. Nicolas appela sa sœur pour lui faire admirer le phénomène.

La belle sortit de la cuisine, promena son regard sur l'étrange apparition, pouffa de rire à la vue de la chéchia, tenta de réprimer ses gloussements mais explosa de plus belle au spectacle du pantalon bouffant. Le visiteur humilié eut beau froncer le sourcil et rouler des yeux de bachibouzouk, la jeune femme eut toutes les peines du monde à contenir son hilarité. C'est ainsi que le zouave fut frappé d'un coup de foudre et que Babette et lui, qui s'appelait Joseph, devinrent mes parents.

Pour l'instant, je suis encore dans le néant et j'ai peu de chance d'en sortir car Babette tient mon futur papa pour un gugusse et Joseph est désespéré. Dieu merci, il ne produit pas le même effet sur le reste de la salle. Il faut dire que l'annexion et la guerre ont notablement discrédité l'uniforme allemand dont le triste *feldgrau* évoque les cendres de la défaite tandis que la tenue du zouave, pour surprenante qu'elle soit, offre les flamboyantes couleurs de la victoire.

Mais le prestige de mon futur papa vient d'ailleurs. Le civil qui l'accompagne — il s'appelle Émile Risser et il habite le bourg voisin — le présente aux buveurs : c'est Joseph, son beau-frère, il vient du bout du monde, il a sillonné les mers, sa chéchia a bravé les tempêtes, son pantalon bouffant a affronté la jungle, sa moustache a conquis les plus ravissantes Tonkinoises et, chasseur émérite, il a tiré le tigre et l'éléphant. Un auditeur curieux ou peut-être sceptique voulut savoir s'il ramenait ses victimes sur le dos ou s'il fourrait l'éléphant et le tigre pêle-mêle dans son carnier…

Émile ne se laissa pas démonter, il invita le Tonkinois à raconter ses aventures lui-même, ce qu'il fit avec tant de talent, de modestie et de vérité que les consommateurs, suspendus à ses lèvres, tantôt en oubliaient de boire, tantôt vidaient leur pichet d'un seul coup. Debout derrière le comptoir, Babette n'était pas la moins attentive et mes chances de venir au monde dans le premier quart du vingtième siècle augmentaient de minute en minute... C'est le moment de refaire le chemin qui a conduit Joseph au restaurant Herrgott en ce jour de Fête-Dieu, ça vous fera connaître mon géniteur.

Le paradis introuvable. Le bachelier insurgé.
Le soldat malgré lui. La guerre très loin du front.
Un brillant directeur. Visa pour la planète.

Papa est né en 1884, à Guebwiller, d'un père blessé à Gravelotte et d'une maman qui toussait jour et nuit. Une maman dont on lui interdisait la chambre et qui ne le caressait que du regard lorsqu'il venait la saluer, le matin, en passant sa frimousse dans l'entrebâillement de la porte. Il avait neuf ans lorsqu'elle cessa de tousser pour toujours. Quand ils allaient fleurir sa tombe, son père lui disait que le corps seul était sous terre et que l'âme se trouvait au ciel. Il ne se représentait pas très bien ce que pouvait être une âme, mais son regard explorait l'azur avec le fol espoir de le voir s'entrouvrir et sa mère apparaître.

Cela se passait en Alsace annexée. Joseph allait à l'école allemande et se faisait tirer l'oreille et les poils de la tempe par un maître prussien. Un maître qui lui enseignait la suprématie de l'empire germanique tandis que son papa l'élevait dans le culte de la patrie française. Persuadé que le paradis se trouvait outre-Vosges, son vœu le plus ardent était de gagner la France. Sa joie fut immense lorsque, pour ses neuf ans, son père l'envoya dans un collège de Reims. Sa déception fut plus considérable encore lorsqu'il se rendit compte que le paradis se trouvait bien outre-Vosges mais du côté qu'il venait de quitter, du côté alsacien.

Il connut la tristesse des classes, les moqueries de ses condisciples lorsqu'il affirmait « *che ne suis pas un espion de pissemarque* » et la solitude du grand dortoir où le petit Alsacien pleurait silencieusement sur l'oreiller, en suppliant sa mère de le délivrer du collège et de la vie.

Son corps grandit, son âme se fortifia, il perdit son accent et obtint son bachot. Alors il retourna chez les siens pour leur faire admirer son diplôme, son mètre soixante-douze, sa naissante moustache et son impeccable français.

Les gendarmes du Kaiser l'attendaient. Apprenant qu'un jeune provocateur chantait la Marseillaise dans les rues de Guebwiller, ils s'en vinrent vérifier son identité. Joseph leur répondit qu'il était citoyen de la République et qu'il emmerdait l'empereur et sa maréchaussée. Ils l'emmenèrent au poste où le brigadier le somma de nouveau de présenter ses papiers. Joseph s'y refusa mais se déclara prêt à montrer son derrière, laissant entendre que c'était la seule partie de son individu qui pouvait avoir conservé quelque aura germanique.

Il reçut une claque qui lui déplut si fort que, saisissant un tisonnier qui traînait près du poêle, il se mit à faire de dangereux moulinets. La maréchaussée s'en tira avec deux oreilles décollées, trois nez sanguinolents et un crâne marqué de jolies zébrures rouges. Mon futur papa avec deux ans de prison.

Il les fit à Cottbus et vit sa libération gâchée par de nouveaux gendarmes qui le menèrent directement dans une caserne de la Reichswehr où l'attendaient les plaisirs du service militaire. Ayant compris que l'hypocrisie était plus avantageuse que la franchise, il simula le plus ardent repentir, disant à qui voulait l'entendre que l'Allemagne était sa vraie patrie et que son désir le plus cher était de verser son sang d'Alsacien pour le Kaiser et son auguste famille. On admira son zèle ; on lui donna une permission pour Guebwiller, il s'y rendit, brûla son uniforme dans la buanderie paternelle et se volatilisa dans la nuit.

Il refit surface dans le département du Doubs, en la personne d'un jeune directeur d'usine, promis au plus brillant avenir. C'est du moins ce que lui faisait espérer le patron de l'entreprise en question. M. Jenny était un Alsacien de Thann. Après l'annexion, il s'était établi à Audincourt où il avait créé une fabrique de limes. Le mal du pays le poussait à faire de fréquents voyages en Alsace. Il en profitait pour insulter le Kaiser dans les repas de famille, les festins de noces et les banquets de première communion. Il mettait tant de cœur dans ses outrages que la justice impériale l'apprit, le condamna pour menées anti-allemandes et l'embastilla dans la prison de Cottbus. Il était occupé à repousser une offensive de rats lorsqu'on lui donna mon père pour compagnon de cellule. Joseph fit alliance avec lui, les rats se replièrent et les deux hommes devinrent amis.

M. Jenny avait des projets grandioses. Il rêvait de terrasser l'Allemagne dans une guerre économique dont Audincourt serait la principale place-forte. Déjà les Automobiles Peugeot, les usines Japy et la Compagnie des Forges s'y étaient établies. Il ne manquait que quelques cheminées à l'usine Jenny — elle en avait déjà une et qui se poussait fort joliment du col — pour faire de la cité sur le Doubs un nouveau Creusot. Il lui manquait aussi un directeur actif et compétent et le prisonnier quinquagénaire offrit à son jeune compagnon de cellule d'être celui-là. Voilà comment Joseph, déserteur de l'armée allemande, s'apprêtait à devenir un chef de file de l'industrie française lorsqu'éclatèrent les coups de feu de Sarajevo et que l'Allemagne, qui redoutait sans doute la guerre économique, déclencha la guerre traditionnelle. Le jeune directeur enfila la culotte du zouave et partit défendre la France au Tonkin. Pourquoi au Tonkin ? Parce que, si les Allemands avaient capturé le déserteur alsacien sous l'uniforme français, il eût risqué de finir la guerre avec douze balles dans la carcasse et un costume de sapin.

Quand il revint d'Indochine, la mémoire pleine de tigres et de Tonkinoises, son premier geste fut de se rendre à Guebwiller pour se recueillir sur la tombe des morts et se réjouir à la table des vivants. Son plumage de zouave ayant produit sur Babette le joyeux effet que l'on sait, il revint dans l'appareil sensiblement plus imposant du jeune directeur des Établissements Jenny Frères et Compagnie, lesquels lui avaient rendu son fauteuil au retour de ses campagnes tonkinoises. Ce superbe appareil comprenait : une dix-huit chevaux Peugeot, un chauffeur à casquette et gants blancs, une canne dont le pommeau d'argent ciselé représentait une tête de tigre, enfin le jeune directeur lui-même, en costume de gentleman, qui sortit de la superbe voiture comme un poussin d'un œuf. Cette fois, Babette ne rit pas ; elle se contenta de hausser dédaigneusement les épaules, ce que Joseph estima plus humiliant encore. De nouveau ma future existence se trouvait menacée...

Mais papa avait mené des combats plus difficiles. Si les descentes de lit qui jonchaient le parquet de sa chambre avaient pu parler, elles auraient dit quels superbes tigres elles étaient avant de le rencontrer. Chaque fois que la dix-huit chevaux et le chauffeur des Établissements Jenny sont disponibles, le jeune directeur vient faire le siège du restaurant Herrgott. Babette semblant toujours inaccessible, il entreprend de charmer sa mère et d'obtenir la sympathie de son frère Nicolas. La veuve Herrgott, qui a marié une fille à un Bas-Rhinois et deux autres à des Lorrains (les gens de Lorrraine et de Basse-Alsace sont évidemment des frères pour les Haut-Rhinois, mais des frères un peu dissemblables, comme le sont les Sioux et les Comanches ou les Lillois et les Marseillais, cela peut s'expliquer par le fait que les premiers sont buveurs de bière — sans dédaigner le vin pour autant — et les seconds buveurs de vin tout en sachant apprécier la bière), la veuve Herrgott, disais-je, ne demanderait pas mieux que de donner sa fille à un Alsacien du Florival, doublé d'un directeur d'usine de *l'intérieur* se déplaçant en limousine avec un chauffeur en casquette. Quant à Nicolas, sa sympathie pour le zouave s'est transformée en amitié pour le leader industriel, les deux hommes partageant le même goût pour le riesling et la même aversion pour le parti radical-socialiste. Or il est secrétaire de mairie et sacristain, autrement dit on ne peut mieux placé pour mettre en train les formalités d'un mariage civil et religieux.

Décidé à faire le bonheur de sa sœur et de son ami, il affiche les bans, prévient le curé et met l'intéressée au courant. Babette pousse d'abord les hauts cris, mais voici que tout le village vient la féliciter d'épouser un si bel homme avec une si brillante situation et une si luxueuse automobile. Alors, comme elle n'ose pas dire à ces gens que réjouit son bonheur qu'elle voudrait rester chez sa mère, elle leur sourit, elle les embrasse, elle leur fait croire qu'elle est aussi heureuse qu'eux...

C'est ainsi que le 19 Novembre 1919, dans le studio de Jean Schwaller, le seul et par conséquent le plus grand photographe de Guebwiller et du Florival, Babette posa pour la photo de mariage en inclinant fort joliment sa tête sur l'épaule de Joseph. Cette fois, j'ai mon visa pour la planète et pour l'année 1920. Ou, comme on dit de nos jours, me voici programmé.

Une rue qui ne manque pas de noms.
Une âme à trois volets.
L'Alsacien pareil à son contraire.

Pour que les non-Alsaciens sachent un peu sur quel sol étrange je vais poser les pieds et quel peuple exceptionnel va m'accueillir, je crois utile de leur donner quelques éclaircissements. Point de province plus appréciée que l'Alsace. Point de plus mal connue. Son nom n'évoque en général que de charmantes images ou de gaillardes saveurs, les ballons, les cigognes, la choucroute, le munster, le riesling. Ajoutons, pour faire la part de l'esprit, ces merveilles de l'Occident que sont la cathédrale de Strasbourg et le rétable d'Issenheim. C'est là son visage de paix : il n'en est point de plus humain, de plus fraternel, de plus accueillant, particulièrement aux heures des repas. Mais l'Alsace en possède un autre, peu connu des Français, trop connu des Alsaciens, qui est son visage historique. Il n'en est guère de plus navrant, il n'est guère de province que l'Histoire ait plus violemment, plus constamment secouée. En 1945, un octogénaire alsacien était un homme qui avait changé cinq fois de nationalité. Telle artère alsacienne qui, voici cent quinze ans, s'appelait l'avenue Napoléon, devenait en 1871 la Kaiser Wilhelm Strasse, était rebaptisée boulevard de la République en 1918, adoptait, en 1938, le nom d'avenue Daladier (en hommage au dégonflé de Munich qu'on appelait alors le sauveur de la paix), se déguisait en Rudolf Hess Strasse en 1940, prenait le nom d'Adolf Hitler en 1941, lorsque Rudolf s'en fut porter le bonjour d'Adolf aux Anglais, pour se donner en 1945 le nom, qu'on espère définitif, d'avenue du Général de Gaulle. C'est assez pour désorienter le facteur. C'est plus qu'il n'en faut pour traumatiser un peuple.

A ce va-et-vient qui dure depuis des siècles, nous devons d'avoir deux âmes, nous autres Alsaciens. Une âme française, pimpante et cocardière, dont les modèles culturels, comme on dit quand on est à la page, sont des gens et des choses comme les jolies femmes, le bon vin, Rabelais, Jeanne d'Arc, Ravaillac, la Pompadour, le Quatorze Juillet, Napoléon, de Gaulle et les pommes de terre frites ; une âme germanique dont le côté sylvestre, pacifique et rêveur, est évoqué par la forêt, la musique, la Lorelei, la nostalgie des pays où fleurit l'oranger. (Si j'ai l'air d'opposer une Allemagne poétique à une France épicurienne, une Allemagne des violons à une France des tambours et trompettes, ce n'est pas que j'oublie les casques à pointes et les fours crématoires, c'est que mon âme germanique se réclame du *mehr Licht*, le supplément de lumière que réclamait Goethe aux portes de la mort, et rejette le *Nacht und Nebel*, la nuit et le brouillard où s'engloutirent des millions de déportés.)

A ces deux âmes s'ajoute une troisième qui est

l'âme alsacienne. Je dirais volontiers qu'elle est la somme des deux autres, mais je sais depuis le cours élémentaire qu'on n'additionne pas des carottes avec des lapins. Je pourrais vous dire aussi qu'elle en est la synthèse mais la synthèse implique l'accord et l'harmonie et l'Alsacien se trouve encore plus ou moins pris dans un buisson de paradoxes et de contradictions.

Prenons l'exemple de mon oncle Édouard. Vers la fin des années vingt, il gouvernait le Klosterkeller, un doux caboulot niché au pied de l'Abbaye de Murbach. Aux murs de son établissement étaient accrochés *Le rêve passe*, *Les dernières cartouches*, *La mort de l'Aiglon* et d'autres tableaux ou gravures de la tradition cocardière française. Mais lorsqu'il avait un peu forcé sur le riesling et qu'il se trouvait en société, il n'était pas rare qu'il entonnât « *Ich hatt' einen Kameraden* » ou quelque autre chant du folklore militaire allemand. Dire qu'il n'aimait pas les Allemands serait une litote mais il admirait leur discipline et leur acharnement au travail. « *Die zeige's uns !* » proclamait-il en son dialecte, ce qui revenait à dire qu'ils nous faisaient la figue. Il aimait la France de tout son cœur mais les défauts, la légèreté, un certain laisser-aller des Français lui semblaient condamnables et, un jour qu'il s'était rendu au-delà des Vosges et qu'il avait vu les fumiers s'étaler ostensiblement devant les maisons, comme des signes extérieurs de richesse, je ne veux pas dire qu'il s'était pincé le nez mais, malgré son admiration pour Cambronne, il avait trouvé bizarre cette mise à l'honneur de la bouse et du crottin. Il ne parlait le français que lorsqu'il le fallait, lisait l'édition allemande du *Gebweiler Volksblat* et chantait à tue-tête *le Grosser Gott* dans les processions. Mais qu'un client parisien s'étonnât de sa fidélité au dialecte ou s'avisât de mettre en doute son sentiment national, il se fachait tout rouge et disait : « che suis plus franzais que vous ! » En quoi il n'avait pas tort. Il faut être plus français que de raison pour l'être en parlant un dialecte germanique. Un Alsacien qui a magistralement psychanalysé l'Alsace, c'est Frédéric Hoffet qui fut pasteur, avocat, journaliste, écrivain, suceur de substantifique moelle et grand amateur de purée septembrale. Je résume sa thèse. Dans son désir de posséder une âme cent pour cent française, l'Alsacien refoule ses tendances germaniques (à plus forte raison lorsque la réputation que l'Allemagne s'est acquise sous le régime nazi vient, dans une terrible confusion, jeter l'opprobre sur tout ce qui relève de la germanité). Mais il a beau se persuader qu'il est un Français comme les autres, il suffit d'un rien, par exemple d'une réflexion sur son patronyme, son dialecte, son accent, pour lui rappeler qu'il est différent. Les sentiments qu'il éprouve à l'égard des « Français de l'intérieur » sont ceux d'un enfant adoptif vis-à-vis des enfants légitimes. Aussi compense-t-il son complexe d'infériorité par un surcroît de patriotisme. Refoulement et compensation ne font évidemment qu'exarcerber des conflits qui trouvent leur expression symbolique dans la plus célèbre chanson du folklore alsacien : « D'r Hans em

Schnockeloch ». *Jean, dans son trou de moustiques, a tout ce qu'il veut et ce qu'il a il ne le veut pas et ce qu'il veut il ne l'a pas. Jean dans son trou de moustiques a tout ce qu'il veut.*

Interprétation très libre : Jean a des caractères germaniques et n'en veut pas. Jean veut une âme intégralement française et ne l'a pas. Mais il suffirait qu'il veuille ce qu'il a, autrement dit qu'il accepte sa double nature, son alsacianité pour sortir enfin de ce Schnockeloch, de ce trou de moustiques et de complexes, et avoir ce qu'il veut : l'équilibre et la paix intérieure. Bref, qu'il accepte ce qui le différencie des autres Français, il verra bientôt que cette différence ne consiste pas en quelque chose de moins mais en quelque chose de plus.

Si le « Hans im Schnockeloch » servait d'exergue au livre de Frédéric Hoffet[1], s'il était suivi d'un proverbe alsacien « *Wie m'rs macht, esch letz* » (quoi qu'on fasse, c'est faux), la conclusion de l'ouvrage venait encore renforcer le paradoxe : quoi qu'on dise en Alsace, le contraire est également vrai. Et de fait, si le mythe du Hans traduit un aspect de la réalité alsacienne, ce personnage instable et ne sachant pas ce qu'il veut est *aussi* le contraire de l'Alsacien volontaire, entêté, restant debout dans les tempêtes et refusant obstinément de se laisser désintégrer par les tourbillons de l'Histoire. Mais à propos d'Histoire, que la mienne commence !

1. Frédéric Hoffet, *Psychanalyse de l'Alsace*, Flammarion (réédité au format de poche par Alsatia).

Une merveille toute simple. La vue perdue.
Rondeurs vosgiennes. Au centre de l'univers.
Les jeux du Saint-Esprit. Les nourritures terrestres.
Apparition des anges.

J'ai quitté les entrailles maternelles dans la nuit du 22 au 23 août 1920. Dix millions de jeunes hommes venaient de mourir pour rien, l'Europe se repeuplait pour le prochain massacre et nous n'avions plus que dix-neuf ans de paix. Mais la constellation était heureuse, le soleil passait du signe du Lion dans celui de la Vierge et j'arrivais dans le Florival, autrement dit la vallée de Guebwiller que je tiens, n'en déplaise aux Alsaciens des autres vallées et aux habitants du reste de la planète, pour le chef-d'œuvre de la création.

Certes, j'ai vu des sites plus grandioses, des Niagara, des Colorado, des Amazonie, à peu près tout ce qu'un baguenaudeur de cette fin de siècle peut se mettre sous les yeux en quelques heures d'avion, eh bien, ça ne tient pas le coup en face du Florival, c'est comme les opéras de Wagner : c'est formidable, trois heures de Wagner, ça me met littéralement hors de moi, mais il suffit de quelques mesures de Mozart pour m'y ramener. Il y a des musiques et des paysages qui vous bouleversent et d'autres qui vous plongent dans le ravissement. C'est le cas du Florival.

Au vrai, je ne lui connais qu'un sosie, c'est la vallée de Spolète qui s'enroule autour de la bienheureuse Assise, patrie de Saint-François. La douceur et la simplicité du Florival sont proprement franciscaines. L'Alsace montre ses merveilles comme une jolie femme ses bijoux, et Dieu sait que d'Eguisheim à Riquewihr et de Dambach à Wissembourg, elle en aligne des colliers, des parures, des diadèmes, sans parler de ces joyaux que sont Colmar et Strasbourg, mais tous ces trésors qui scintillent sur la gorge, aux oreilles et aux doigts de la superbe province n'ont pas grand-chose à voir avec le Florival ; je l'assimilerais plutôt — étymologie oblige — à ces colliers de fleurs que les Tahitiennes se mettent autour du cou. Oui, la vallée de Guebwiller est franciscaine et si ses églises — Murbach, Guebwiller, Lautenbach — ont une incomparable splendeur, elles la doivent essentiellement à leur simplicité. La plus parfaite, celle de Murbach, pousse même l'humilité jusquà se présenter sans nef.

Le site me semblait d'autant plus paradisiaque que je n'y séjournais que par intermittence. Quand le jeune et brillant directeur des Établissements Jenny eut épousé la fille du restaurant Herrgott, il l'emmena dans ce qu'il appelait le Creusot franc-comtois, autrement dit à Audincourt. Maman n'y trouva pas le bonheur. L'heure qui sonnait à l'horloge de la collégiale lui était donnée par les sirènes, la tour romane était remplacée par des cheminées d'usine, le chant du vent dans les tilleuls par le vacarme des laminoirs et les parfums venus des montagnes par des fumées industrielles. Quant aux rapports humains qui s'exprimaient dans les joyeux propos des clients de l'auberge, son mauvais français les limitait à de vagues et monosyllabiques échanges avec les voisines sur la météorologie du jour : « *Vouille Matame, fait chaud* » ou « *Vouille Matame, fait pas chaud* ». Alors, quand la nostalgie la travaillait par trop, papa avait pitié d'elle et la conduisait dans son village. Avec le Changala et un second galopin, arrivé trois ans après moi et que nous appelons le Pierri. C'est ainsi que notre enfance se déroula entre Audincourt et le Florival, entre notre résidence principale où nous nous sentions plus ou moins exilés et notre résidence secondaire qui, comme son nom l'indiquait, était pour nous la maison du Bon Dieu.

Je me souviens d'une randonnée que nous fîmes de Lautenbach à Murbach, avec un ami de mon père, M. Kuster. La guerre n'avait pas tué tout le monde, elle avait laissé derrière elle beaucoup de gueules cassées, de manchots, de culs-de-jatte, de béquillards et de gazés qui crachaient plus ou moins leurs poumons. M. Kuster avait perdu la vue. Nous avions fait halte sur un promontoire qui dominait le Florival et nous regardions les villages, les vergers et les vignes en assortissant notre contemplation de commentaires admiratifs. Alors nous vîmes deux larmes rouler sur les joues de l'aveugle et j'entendis mon petit frère, le Pierri, demander : « pourquoi tu pleures, Monsieur Kuster ? » Je crus intelligent de répondre à sa place : « parce qu'il ne voit plus, pardi ! » M. Kuster eut un bon sourire et, accueillant à pleines bronches le doux zéphyr qui descendait des montagnes, il dit : « c'est vrai, petit, je ne vois plus la vallée. Mais je la respire ! » Quand nous fûmes seuls, papa commenta la scène : « Monsieur Kuster s'efforce d'être heureux sans yeux. C'est ce qu'on appelle le courage alsacien ».

Mais la vallée doit aussi sa beauté aux montagnes qui l'encadrent, autrement dit aux Vosges dont le nom fait une si douce musique et un si joli dessin (je pense à la lettre initiale, à ce V en forme de vallée et aux autres lettres qui ne sont que sinuosités et rondeurs). J'ai entrevu l'Himalaya, j'ai contemplé le Caucase, j'ai admiré les neiges du Kilimandjaro, j'ai franchi les Rocheuses, j'ai parcouru la cordillère des Andes et j'ai partagé, devant la mer de Glace, l'humilité de Monsieur Perrichon. Mais là encore, je crois pouvoir dire que les Vosges sont, sinon les plus belles, du moins les plus charmantes montagnes de la Création.

Au rebours de celles que je viens de citer et dont l'attitude naturelle est de vous barrer le passage, elles courbent le dos pour mieux porter les routes et les sentiers. Point n'est besoin de piolets, de pitons et de folie conquérante pour les escalader. Elles vous reçoivent à vallées ouvertes et se font aussi accueillantes au voyageur que le chameau qui s'agenouille pour recevoir le chamelier. J'ajouterai même — honni soit qui mal y penserait ou d'obsession m'accuserait — qu'elles ont des formes et des grâces féminines. J'en sais quelque chose, j'ai passé mon enfance à parcourir leurs courbes et c'est autour de la vallée de Guebwiller que s'arrondissent les plus jolis ballons. Après ça, inutile de vous dire que pour moi, le centre du monde n'est pas Washington ou Moscou comme le prétendent les Américains ou les Russes, ni Rome ou Jérusalem, comme l'assurent les Chrétiens ou les Juifs, ni la mer des Sargasses, comme le croient les anguilles, ou la brasserie Lipp comme le pensent les intellectuels parisiens, le centre du monde est le Florival. Je préciserai que Lautenbach est au centre de la vallée, que ma maison natale s'élève au milieu du village (café restaurant du Centre) et que la chambre où j'ai poussé mon premier cri se trouve au cœur de la maison. Bien sûr, ce n'était pas l'étable de Bethléem ; reconnaissez pourtant que ça peut vous rendre égocentrique.

Mais d'autres particularités ont nourri ma mégalomanie. D'abord le fait que ma famille maternelle, dont le café du Centre est le berceau, porte le même nom que le maître de l'Univers : Herrgott. Pour corser les choses, le Tout-Puissant avait établi sa résidence (joyau de l'architecture romane) juste en face de la nôtre, si bien que, le dimanche, les villageois n'allaient jamais prier le Herrgott de l'église sans avoir pris des forces chez celui du bistrot.

Il y avait aussi les affirmations de papa qui revenait d'Extrême-Orient, les yeux pleins de merveilles lui aussi, et qui me disait que le Bon Dieu, quand il lui prenait envie de contempler sa création, ne pointait pas sa longue-vue sur les chutes du Zambèze, il se penchait sur Lautenbach et il appelait ses anges pour qu'ils viennent regarder avec lui, et les anges accouraient de tous les coins du firmament et leurs prunelles brillaient comme des turquoises et la Sainte Vierge venait, elle aussi, avec son manteau d'azur, et tout ça rendait le ciel de Lautenbach encore plus bleu que celui de Jérusalem...

Autre enchantement : celui dans lequel me plongeaient les jeux de la fontaine et du soleil. Ils s'y livraient sous mes fenêtres presque tous les matins. Quand le soleil venait caresser l'eau, la fontaine faisait miroir et le renvoyait vers le plafond de ma chambre qui devenait tout palpitant de lumière. Cette coulée d'or m'émerveillait d'autant plus que papa l'attribuait à la présence du Saint-Esprit. Je savais que le Paraclet pouvait se transformer en colombe ou en langues de feu mais, quand papa m'apprit qu'il se faisait lumière pour s'infiltrer par la fente des volets et caresser le plafond, je restai fasciné. Gott était indiscutablement *mit uns*. Puis je m'habituai. Sa présence, après tout, n'avait rien d'étonnant puisqu'il était de la famille.

Une qui méritait de porter le nom du Bon Dieu, c'était ma grand-mère. Elle avait, comme on dit, le cœur sur la main. Elle l'avait aussi dans les yeux. Sa bonté rayonnait à travers la maison et d'abord à la cuisine où, secondée par la vieille Élise, elle régnait sur tout un orchestre d'odeurs et de saveurs dont les principaux instruments étaient le jambon, le lard, les saucisses, le munster dont on emprisonnait prudemment le parfum sous une cloche de verre et dont

Nicolas donnait une définition pénétrante : fromage puissamment dialectique, marie plaisir et répulsion, délices et pestilence, odeur allemande, saveur française, fromage typiquement alsacien. Papa et l'oncle étaient d'accord sur ses vertus, mais divisés quant au vin qu'il devait épouser. Nicolas conseillait le riesling, papa préconisait un compagnon moins délicat, comme le Bourgogne, ou franchement rustaud comme le vin d'Algérie dont il disait qu'il était fait pour le munster comme la main du brave pour les fesses de la belle, réflexion qui provoquait chez moi d'étranges contractions de la paume.

Au-dessus de l'évier pendaient, écorchées ou plumées, diverses personnalités, je veux parler de ces coqs et de ces lapins que Nicolas baptisait Herriot, Laval, Staline ou von Papen... Comme j'avais plus d'un ami dans la basse-cour et le clapier, je préférais ignorer l'identité des victimes afin de pouvoir les manger sans remords. Le cochon, en revanche, animal peu liant, ne m'inspirait guère de sympathie. On en immolait un tous les ans et j'assistais avec des sentiments mélangés à ce que les sacrificateurs considéraient comme une fête et que le sacrifié ressentait comme une tragédie. On avait beau avoir l'estomac solidement accroché, il vous sautait entre les dents à la vue du sang et à l'odeur qui s'élevait des boyaux palpitants et fumants. Ce qui me fascinait, c'était les opérations qui transformaient l'horreur en délices et la tripaille la plus écœurante en la plus savoureuse des charcuteries.

Au-dessus des nourritures puissantes, il y avait les

exquises, je veux parler de la pâtisserie dans laquelle la bonté de grand-mère s'exprimait à la manière de l'eucharistie : quand elle nous offrait du kugelhopf ou du vacherin, c'était son âme qu'elle nous donnait à manger.

Jouxtant la cuisine : le café où régnait Nicolas. Tout ce qui avait soif de riesling et de conversation s'y assemblait. Deux sortes de consommateurs : ceux du fond, qui étaient des clients de première classe comme le maire, l'instituteur ou, quand il était dans les parages, le directeur des Établissements Jenny. On honorait leur personne et particulièrement leur derrière en les asseyant sur des banquettes de cuir. Les séants plus modestes occupaient le reste de la salle et disposaient de banquettes en bois. Sur la banquette moelleuse Nicolas, grand lecteur de « l'Action française » et monarchiste convaincu, animait la conversation : éditorial de Maurras, réflexions de Daudet, outrages à la République, insultes aux partis de gauche, attaques contre le gouvernement français, avertissements aux gouvernements étrangers et menaces d'apocalypse. Sur les banquettes non rembourrées se tenaient évidemment des propos plus plats : malheurs domestiques, soucis de santé, récoltes incertaines et histoires de cocus. C'est en ouvrant bien les oreilles au café que le Changala apprenait à vivre et à parler alsacien.

On accédait au palier du premier étage par un escalier royal dont le très grand style ne devait pas être étranger aux obsessions monarchistes de Nicolas. A le voir bomber le torse en le gravissant, on devinait aisément qu'il se croyait au Louvre ou à Versailles. Cet escalier avait une marche qui grinçait jour et nuit, sauf sous le pas de grand-mère qui, lorsqu'il était tard, prenait mille précautions pour la franchir sans bruit, tant elle avait de respect pour le repos des siens. C'est que, sur ce palier, s'ouvraient six chambres et une salle de bains. Pour ce qui est des chambres, les vingt-cinq descendants de la grand-mère Herrgott se prenant pour les enfants du Bon Dieu, ils trouvaient tout naturel de coloniser sa maison. Quant à la salle de bains, elle était plus proche de l'étuve médiévale que des installations de nos cadres supérieurs. Je n'aimais pas beaucoup l'eau, mais j'adorais allumer et entretenir le feu sous la chaudière à serpentins.

L'escalier finissait au ciel, je veux dire au grenier. Là séchaient les noix et les noisettes auxquelles je rendais discrètement visite, cassant leur coque sous mon talon en les étouffant dans mon mouchoir afin de les assassiner sans bruit. Là gisaient aussi des poupées mutilées par mes tantes et des jouets cassés par mes oncles, notamment une machine à vapeur tout en cuivre à laquelle il ne manquait qu'une soupape pour fonctionner, soupape que l'oncle Nicolas s'était fermement engagé à réparer. Il avait dû me faire une première promesse sous le gouvernement Painlevé et la renouveler une bonne centaine de fois entre les gouvernements Briand et Tardieu. Il est mort sans l'avoir tenue mais je continue de lui faire confiance, nous avons l'éternité devant nous. Il y avait aussi, entre autres reliques scolaires, des diplômes d'études plus ou moins avancées qu'on eût probablement mis sous verre et encadrés s'ils n'avaient été rédigés en allemand et délivrés « im Namen des Kaisers ».

Mais la merveille des merveilles était un rayon de soleil où dansaient des millions de particules lumineuses et qui, lui aussi, ne pouvait être qu'un avatar du Saint-Esprit. Il entrait par la lucarne pour aller caresser de vieilles robes dont les couleurs, soudain ranimées, retrouvaient la fraîcheur du passé, autrement dit de la jeunesse.

Mais la lucarne ne livrait pas seulement passage au Saint-Esprit, elle ouvrait aussi sur le royaume des anges, pas sur l'ensemble des célestes cohortes, seulement — et c'était déjà magnifique — sur deux angelottes que le Seigneur avait probablement détachées de sa suite et déléguées à Lautenbach pour embellir encore, si faire se pouvait, le Florival, et que le Changala venait, sans grand risque d'être vu, contempler du haut de son toit. Je veux parler des petites Meyer, Marguerite et Lucie, que ceux qui n'avaient pas d'yeux pour voir au-delà des apparences prenaient pour les fillettes du directeur d'école nouvellement nommé à Lautenbach...

Elles étaient inséparables, et on ne pouvait être ébloui par l'une sans l'être également par l'autre. Il va sans dire qu'elles me fascinaient toutes les deux mais j'étais alors foncièrement monogame et, mon cœur eût-il été mille fois plus spacieux, je ne pouvais y loger qu'un amour à la fois. Ainsi l'ai-je ouvert à Marguerite dès la première apparition. J'étais monté au grenier pour y faire provision de noisettes. Attiré par la lumière, je veux dire par le Saint-Esprit, je m'étais approché de la lucarne lorsque mes yeux se mirent à papilloter. Marguerite était assise sous le porche de l'église avec ses cheveux d'or, ses yeux *vergiss mein nicht* et son doux visage penché sur sa poupée, un ange, je vous dis, un ange jouant à la Madone. Quand ma mémoire me restitue cette apparition, c'est avec de l'or et du bleu. Je revois l'or du soleil et l'azur du ciel vers où filait le clocher, l'horloge dont le cadran était bleu et les aiguilles dorées, et au pied de tout cela l'ange Marguerite avec ses cheveux de lumière et ses yeux myosotis. Lucie était là, ange éblouissant, elle aussi, mais déjà je ne voyais plus que Marguerite.

Le Changala ignore tout des deux merveilles, il ne sait pas qui elles sont ni comment elles s'appellent ni comment elles sont tombées du ciel sur le parvis de l'église. Il dégringole l'escalier quatre à quatre pour aller s'informer. Au café, il n'y a que deux consommateurs : Nicolas le patron et Gusti le client. Ils éclusent une chope de blanc tandis que le premier énumère au second les vices de la démocratie. Le Gusti, qui est ouvrier agricole, écoute patiemment, c'est Nicolas qui régale et plus la démocratie aura de vices, plus son contempteur aura soif et fera durer le plaisir. Le Changala n'ose pas interroger son oncle, il redoute ses sarcasmes. Alors, à demi dissimulé derrière une fenêtre, il poursuit sa contemplation.

Tout en livrant la pensée de Maurras au Gusti, Nicolas observe son neveu. Voyant qu'il est en pleine extase, il l'interpelle : « Tu aimerais bien t'amuser avec elles, pas vrai, Changala ? » Le Changala joue l'ahuri. Qui ça, elles ? Nicolas n'est pas dupe : « Ne fais pas l'innocent. Tu sais fort bien de qui je veux parler. Si ton regard avait le pouvoir de les déplacer, tu en aurais déjà une sur chaque genou. Mais nous allons arranger ça, je vais te présenter à ces demoiselles. » Et d'aller à la fenêtre en criant : « Marguerite, Lucie, venez voir le bel oiseau que nous avons recueilli. C'est un oiseau qui vient de France. » Le Changala n'attendit pas que les angelottes aient traversé la place. Il s'enfuit au grenier et poussa le verrou derrière lui. Il entendit Nicolas dire aux fillettes que l'oiseau avait pris peur et s'était envolé. Il l'entendit même ajouter que ce manque de courage l'étonnait beaucoup de la part d'un oiseau français.

Sauvetages en série. Un avion pour deux.
La chute de l'acrobate. Caramels, amour et jalousie.
Les ferrets de la reine. Le souffle de l'ange.

Le Changala fut pris d'une violente colère contre lui-même et contre Nicolas. Il se vengea en déclenchant une attaque sur les noisettes et les noix. Il commença par les piétiner sauvagement puis, voyant que la bouillie ainsi obtenue était immangeable, il mesura ses coups et se consola de ses déboires en bouffant ses victimes. Après quoi, il revint à la lucarne pour observer la situation.

Les angelottes avaient repris leur place sous le porche de l'église. De temps en temps, elles levaient leur petit nez vers le ciel. On eût pu croire qu'elles souriaient aux autres anges, mais le Changala comprit bien vite qu'elles cherchaient l'oiseau que devait leur présenter Nicolas. Il retira prudemment sa tête de la lucarne.

Dès lors, Marguerite partagea sa vie, du moins celle qu'on dit imaginaire et qui est évidemment plus riche que celle qu'on dit réelle. C'est ainsi qu'il y eut un grave incendie chez les Meyer. Le Changala ne se contenta pas d'arracher Marguerite aux flammes, il retourna sept fois dans la fournaise pour sauver le reste de la famille. La dernière fois, il faillit même y rester : il faut dire que monsieur Meyer pesait plus de quatre-vingts kilos et que c'était une assez lourde charge pour les omoplates d'un moins de dix ans.

Peu de temps après, une nouvelle catastrophe ravagea Lautenbach et le Florival. La digue du lac de la Lauch avait cédé et des milliers de mètres cubes d'eau déferlaient dans la vallée. Cette fois, le Changala ne put accomplir de miracle. Il eut la formidable chance d'arracher Marguerite aux flots qui l'emportaient vers la chapelle de Saint-Gangolphe mais tous les autres Meyer avaient disparu dans la tragédie. La douleur du Changala fut on ne peut plus sincère. Comme fut sincère sa satisfaction de savoir Marguerite orpheline et sans famille : il allait pouvoir lui rendre à lui seul tout l'amour qu'elle avait perdu.

Alors ils firent des voyages. On parlait beaucoup d'un projet de loterie nationale qui permettrait aux pauvres de devenir aussi millionnaires que les riches. Le Changala fit comme si la chose existait déjà, il acheta le numéro 81 920 qui correspondait plus ou moins à sa date de naissance, et gagna cinq millions de francs. Il en laissa une partie à ses parents et consacra le reste à l'achat d'un avion, mais pas un appareil rudimentaire comme celui de Nungesser et Coli qui avaient trouvé moyen de sombrer dans l'Atlantique, le jour même où un grand journal parisien annonçait leur arrivée triomphale à New York — ça donnait une idée du sérieux de la presse républicaine, ricanait Nicolas — non, cc que le Changala offrit à Marguerite c'était un appareil à plusieurs moteurs avec une carlingue aménagée en nid d'amoureux. C'est avec ce merveilleux engin qu'ils firent le tour du monde par les pôles. Pourquoi par les pôles ? Parce qu'on y gèle et que dans un si grand froid, rien n'est plus délicieux que de se tenir chaud en se serrant très fort l'un contre l'autre.

Je vous ferai grâce de nos aventures. Elles consistaient essentiellement en sauvetages effectués par le Changala. Chaque fois qu'un Indien, un Canaque, un tigre, un crocodile, un requin, un serpent, un scorpion, un espion, un anarchiste, un communiste, un voleur, un assassin, un séducteur (vous savez, un de ces princes orientaux qui se croient tout permis parce qu'ils sont cousus d'or), chaque fois qu'une de ces créatures du diable menaçait l'ange aux yeux bleus, le Changala arrivait. Le temps de dégainer son revolver et il vous tuait, l'un après l'autre, tous ces gens-là.

Il accomplissait ses exploits tantôt le soir, dans son lit, tantôt le jour, au grenier, dans lequel il s'enfermait des heures durant. De temps à autre, il allait voir à la lucarne si les anges étaient là. Ils ou plutôt elles n'y étaient pas souvent jouant de préférence dans la cour de l'école. Quand elles s'aventuraient sous les tilleuls, leur guetteur n'apercevait que leurs jambes, le corps restant caché par la frondaison. Son regard s'attachait évidemment à celles de Marguerite et son plaisir devenait extrême lorsque l'angelotte, gênée par un caillou dans sa sandale, entreprenait de se déchausser. Mais c'est quand elle allait s'asseoir sous le porche qu'il pouvait se délecter de sa beauté.

Jusqu'au jour où, ne parvenant plus à détacher son

regard de l'éblouissante apparition, il finit par rencontrer le sien. Il rentra la tête aussitôt et, faute de périscope, il attendit de longues minutes avant de refaire surface. Mais lorsqu'il émergea de nouveau, les yeux *vergiss-mein-nicht* étaient là, braqués sur la lucarne et accompagnés d'un sourire qu'on ne pouvait pas dire angélique tant il était moqueur.

Il plongea de nouveau mais comprit qu'il était découvert : à présent, Marguerite savait qui était l'oiseau que voulait lui montrer Nicolas. Le souvenir de sa fuite le remplit de honte. Il avait donné une bien navrante image des oiseaux français. Mais il allait effacer cela. Un garçon qui montrait tant de vaillance en rêve ne pouvait pas rester un lâche dans la vie. Il se signa plusieurs fois, pria le Seigneur de lui donner du courage, descendit dans la cour, prit la bicyclette qui se trouvait dans la remise, l'enfourcha et déboula sur la place avec l'intention bien visible de faire admirer ses talents de cycliste et d'acrobate. Notamment en lachant le guidon, numéro qu'il mettait au point depuis plusieurs mois. Oh ! il ne défiait les lois de l'équilibre que durant quelques secondes, mais cela devait suffire à l'émerveillement des angelottes. Malheureusement, la bécane était un vieux clou de fabrication germanique, qui appartenait à l'oncle Édouard et qui, comme on pouvait s'y attendre de la part d'un engin allemand, supportait mal les champions venus de France. Les mains du Changala avaient à peine quitté le guidon que la roue avant se mettait en travers. Tandis que la monture restait bloquée sur place, la vitesse acquise envoyait le cavalier piquer une tête dans la fontaine. Pendant qu'il s'ébrouait à la façon d'un chien mouillé, il entendit le rire de Marguerite éclater sous le porche. Ce fut l'une des grandes humiliations de sa vie.

Il ramassa l'abominable bécane et, l'oreille basse, l'oreille au ras du sol, il la reconduisit à pied à la remise. Il était furieux contre Nicolas, contre l'industrie du cycle d'outre-Rhin, contre lui-même et ce qu'il lui fallait bien appeler sa connerie. Avait-il besoin de faire le pitre en vélo alors qu'il avait tant d'autres cordes à son arc ? Heureusement les enfants sont comme les adultes, ils ont la mémoire courte. Il laissa passer quelques jours et conçut un projet qui ne relevait plus du cirque mais du théâtre. Il allait composer une pièce dont Marguerite et lui seraient les héros.

Auparavant, il fallait établir le contact qu'il avait si sottement refusé quand Nicolas avait voulu le créer. Malheureusement il y avait, à Lautenbach, voire dans le voisinage immédiat, d'autres amateurs de beauté que le Changala. Il y avait le Franzi, le Changui, le Chorchi, le Lussi (j'emploie l'orthographe phonétique) sans compter les cousins de Guebwiller ou de Mulhouse qui venaient passer ce qu'on n'appelait pas encore le ouiquende en famille. Tous ces gaillards-là posaient sur les petites Meyer des regards énamourés. Dieu merci, ils ne trouvaient rien de mieux que de leur tirer les nattes pour exprimer leurs sentiments.

Le Changala emploie une stratégie plus subtile. Il vient avec des caramels et dit : « Mesdemoiselles, permettez-moi de vous offrir ce cornet » ; il voit aussitôt que les belles sont plus séduites par ses manières que par ses friandises. S'entendre appeler mademoiselle quand on n'a pas dix ans, ça incite à se conduire en dame. Marguerite prend le cornet avec infiniment de grâce et distribue les caramels à ses autres soupirants en disant : « C'est un monsieur qui vous les offre ! » Ainsi flatte-t-elle le Changala tout en faisant la leçon à ses rivaux. Voilà une personne habile qui saura régner sur les hommes. C'est pourquoi le Changala va lui confier un rôle de reine. Je parlais d'une pièce. N'exagérons rien. Il propose simplement un jeu, une adaptation des Trois Mousquetaires, dont il vient de lire le premier volume avec ravissement. Papa a refusé de lui confier le second, non parce qu'on y décapite sauvagement Milady, ce qui lui semble tout naturel, mais parce que d'Artagnan se retrouve dans le lit de la perfide créature, ce qui est proprement scandaleux.

Le Changala commence par expliquer l'affaire des ferrets, représentés par deux bouchons de carafe qu'il a fauchés au restaurant. Puis il distribue les rôles. Marguerite : Anne d'Autriche. Lucie : Constance Bonacieux. Milady : la jeune Frida (c'est embêtant parce qu'elle a le nez en pied de marmite et se trouve affligée d'un strabisme furieusement convergent qui rend son personnage de séductrice irrésistible assez peu convaincant). Pour lui-même, le Changala hésite entre le rôle de Buckingham et celui de d'Artagnan. Il choisit d'être d'Artagnan ; il est comme ça, il désire qu'on l'aime, mais il veut surtout qu'on l'admire.

Pour Buckingham, il y a bien le cousin Pauli qui ne manque pas d'allure mais c'est un polisson notoire, et il vaut mieux laisser ce genre de loup à distance des agnelles.

Buckingham sera donc le beau Gabriel qui est l'enfant de chœur le plus en vue de la paroisse. Pour le reste de la distribution, les mousquetaires, le cardinal et le roi, il y a suffisamment d'amateurs dans le voisinage.

Je ne vais pas vous raconter le spectacle. Sachez seulement que lorsque la reine de France reçut le duc de Buckingham dans ses appartements, autrement dit dans la petite salle des sonneurs de cloches, le Changala fut mordu par une jalousie féroce et s'en voulut à mort d'avoir proposé un tel jeu. Il ne retrouva son calme qu'en voyant Gabriel ressortir en serrant les bouchons de carafe sur son cœur. Ses regrets s'envolèrent définitivement lorsque la reine le reçut à son tour. Il promit de lui rapporter les ferrets ou de mourir. La souveraine ne lui cacha pas que sa vie lui était infiniment plus précieuse que les diamants, et le Changala put lire dans le regard d'Anne d'Autriche qu'on le préférait au nommé Buckingham.

Il y eut un moment de grande émotion lorsque le Changala, se courbant comme un roseau devant elle, prit sa menotte et, comme il l'avait vu faire à un autre gentilhomme dans un film de l'Éden Cinéma, y déposa le plus respectueux des baisers. Ils devinrent cramoisis tous les deux, mais le Changala dissipa leur confusion en rassemblant les mousquetaires et en s'élançant à la chasse aux ferrets. Après quelques explications sanglantes avec les gens du Cardinal, il franchirent la Lauch et trouvèrent le duc de Buckingham dans son palais de Lautenbach-Zell. Dès qu'il fut en possession des ferrets, d'Artagnan revint à bride abattue, laissant derrière lui les autres mousquetaires, tant la joie donnait des ailes à son cheval.

L'apothéose eut lieu au Louvre quand d'Artagnan déposa les ferrets aux pieds d'Anne d'Autriche et que la reine prit elle-même l'initiative de lui donner sa menotte à baiser. Le Cardinal faillit assombrir son bonheur. N'ayant à peu près rien compris à son rôle, il voulait récupérer les ferrets. Le Changala dût lui tirer un coup de pistolet qui le laissa pour mort. Il n'en eut aucun regret, au contraire. Il se tourna vers la reine en disant : « Comme ça, il n'emmerdera plus votre Majesté ! »

Le plus merveilleux souvenir de cette époque, je le dois à une partie de cache-cache. C'est le Changala qui la proposa aux petites Meyer et aux mousquetaires de la veille ; Lucie ayant été désignée par le sort, elle se colla contre un tilleul, le nez dans le creux du coude, et compta jusqu'à trente avant de partir à la recherche des disparus. Tandis que les joueurs s'égaillaient, le Changala, dans un élan dont l'audace le surprit lui-même, prit la menotte de Marguerite, faillit tourner de l'œil à ce contact mais sut vaincre son trouble et emmena l'angelotte dans la cave. Autant il se plaisait au grenier, royaume de la lumière, autant il avait horreur de ce lieu de ténèbres. Mais ce jour-là, la cave lui parut plus claire que le soleil.

Voici les deux enfants blottis l'un contre l'autre derrière une énorme barrique. Le Changala n'a pas lâché la menotte, il sent le souffle de l'ange sur sa joue, il est plongé dans une profonde extase, il espère que Lucie ne les trouvera pas, que personne ne les retrouvera jamais plus...

Je me suis servi de ce souvenir dans le *Partage du sang ;* les héros du roman, Louis et Elsa, sont deux enfants. Ils découvrent qu'ils s'aiment au cours d'une partie de cache-cache. Devenu un vieil homme, Louis tente de décrire à son petit-fils ce moment de pure, de chaste, d'immaculée volupté : « Tu vas sourire, lui dit-il, peut-être vas-tu te moquer, mais quand j'essaie d'imaginer ce que fut la conception du Petit Jésus, je pense qu'il s'est passé quelque chose de cet ordre entre la Vierge et le Saint-Esprit. »

Mais le petit-fils ne sourit pas. Il est profondément ému par la transparence de cet amour d'enfant. Je ne sais pas si vous le serez aussi. Mais, si vous avez un souvenir de cet ordre au fond du cœur, souriez-lui pour moi.

Joyeux fléau. Le porteur d'eau.
L'école buissonnière. L'oreille mordue.
Problèmes d'identité.

En ce temps-là, j'étais comme Cadet-Rouselle, j'avais trois maisons. Je ne les habite plus, je ne les habiterai plus jamais, mais je les possède encore. Autrement dit, ce n'est plus moi qui réside en elles : ce sont elles qui résident en moi. La première est celle de Lautenbach. Elle est la plus aimée. D'abord parce qu'elle est ma maison natale, ensuite parce qu'elle est restée la maison du Bon Dieu (c'est toujours un Herrgott qui la gouverne, mon cousin André.)

La deuxième se trouve à Audincourt, où le directeur des Établissements Jenny a emmené Maman. Audincourt n'est pas de ces villes qui vous regardent du haut de leur cathédrale ou de leur château : pas de monument, pas de maisons classées, pas de curiosités touristiques (ou si peu), mais des sites ravissants comme la place du Temple où le Doubs décrit une des courbes les plus grandioses de l'hydrographie française.

Un drôle de garnement que ce Doubs, on ne peut pas dire qu'il aime les raccourcis. Un cours d'eau sérieux se hâterait de franchir les quatre-vingt-dix kilomètres qui séparent sa source de son confluent avec la Saône. Il lui faut quatre cent cinquante kilomètres de zigzags pour arriver au même point. Quand on connaît les pays qu'il traverse, on comprend qu'il fasse durer le plaisir. Un humoriste, ou peut-être un géographe plus clairvoyant que les autres, le définit ainsi : « Doubs, fleuve français, qui prend sa source au Mont Risoux, reçoit la Saône et le Rhône, arrose Besançon, Lyon et Avignon et se jette dans la Méditerranée. »

Tous les ans, il sortait de son lit pour aller faire un tour dans les rues et les caves. Ce n'était pas Venise, mais les enfants étaient ravis d'aller à l'école en barque et plus heureux encore de rester à la maison. Les hommes prenaient du bon temps eux aussi. Le César Vuillemot chaussait ses bottes pour aider les dames à traverser les zones inondées. Il ne les portait pas à la manière de saint-Christophe, mais ses mains connaissaient les bonnes prises et ses obligées avaient une façon de dire « oh ! Monsieur César ! » qui exprimait plutôt l'encouragement que la protestation. Parfois, quand ses moustaches leur chatouillaient le cou, elles poussaient des petits cris en agitant les jambes, ce qui forçait César à les serrer plus fort. Bref, les inondations étaient un fléau qui amusait tout le monde, sauf quelques inondés.

Mais voyons la maison. Elle est bien moins spacieuse que celle du seigneur Dieu : une dizaine de pièces dont trois sont plus ou moins occupées par les archives des Établissements Jenny. Devant : une petite cour et des sapins. Derrière : une usine, autrement dit un immense terrain de jeu.

La cave est la faiblesse et l'orgueil de papa. Il ne sait pas résister au baratin des représentants en vins et spiritueux qui lui extorquent des commandes de bordeaux et bourgognes renommés mais coûteux. Comme ils sont livrés en fûts, son plaisir est de les mettre en bouteilles et de les cacheter à la cire. Son plaisir est aussi de briser le cachet, de les déboucher gravement et de les déguster entre connaisseurs, en envoyant au ciel des regards euphoriques et des adjectifs comme *étoffé*, *charpenté*, *chaleureux* ou *sublime*.

Papa avait aussi un ami marchand de meubles qui lui revendait ses rossignols. Aussi possédions-nous deux salles à manger, l'une de style « moderne » que papa trouvait belle et qui était moche, une en faux Henri II dont il ne faisait pas grand cas, et qui ne méritait pas son dédain.

En ce temps-là, seuls les Audincourtois jouissant d'une certaine aisance disposaient d'une salle de bains. Les travailleurs allaient aux bains-douches municipaux ou se lavaient dans des baquets, au fond des buanderies. Nous étions des privilégiés. Notre installation n'avait rien de commun avec celles que proposent aujourd'hui les magiciens de l'industrie sanitaire. Nous possédions une baignoire à pieds de lion mais, la chaudière ayant des fuites irréparables, papa avait demandé au Roger Faivre qui gouvernait celle de l'usine — une vraie chaudière de transatlantique avec des passerelles et des manomètres partout — il lui avait demandé s'il verrait un inconvénient à monter l'eau du bain. Le bon Faivre avait répondu que non seulement il n'y voyait aucune objection mais qu'il y prendrait certainement du plaisir.

Tous les samedis donc, le brave Roger puisait cinq lessiveuses d'eau bouillante à sa chaudière, traversait cinq fois la cour, montait cinq fois deux escaliers dont l'un était périlleux même pour un homme aux mains libres, et versait cinq fois dans la baignoire de quoi débarbouiller le derrière des fils du pharaon. A voir la grimace qu'il faisait quand la lessiveuse était pleine, on pouvait douter du plaisir qu'il prenait à l'opération. Logiquement, je veux dire s'il n'y avait pas eu de miracle, il eût dû tomber et s'ébouillanter des dizaines de fois. J'ai longtemps été obsédé par un cauchemar où je voyais l'ami Faivre cuire comme un homard dans une lessiveuse géante. Je ne sais pas interpréter les songes mais celui-là devait être l'expression d'un remords.

Sa mission accomplie, maman lui décernait son plus doux sourire, lui servait un verre de vin et lui donnait quarante sous. Ce n'est pas pour tranquilliser ma conscience, mais je suis persuadé que c'était pour le sourire de maman que le bon Faivre faisait tout ça.

Le grenier offrait les mêmes attraits que celui de Lautenbach, quoiqu'il y manquât les anges et le Saint-Esprit. On y séchait des noix, des noisettes, des quartiers de pommes, des pruneaux. On y séchait aussi l'école, du moins le Changala. Quand il n'avait pas appris ses leçons, pour s'épargner des remontrances et des humiliations, il s'enfermait là-haut avec la comtesse de Ségur et Hector Malot. Le Pierri, son petit frère et son grand complice, se rendait seul en classe et faisait savoir au père Hintzy que son aîné avait une indigestion ou des coliques ou de la fièvre, il fallait bien varier les explications. Le père Hintzy tenait le Changala en trop haute estime pour imaginer un seul instant que le premier de la classe puisse le rouler dans une pareille farine. Il acceptait l'excuse verbale et priait le Pierri de transmettre à son aîné ses vœux de prompt rétablissement. Le Pierri hochait poliment la tête, on pouvait compter sur lui.

Lorsque, la classe finie, il retournait à la maison, il se dissimulait derrière le sapin de la cour et sifflait les premières mesures de la *Mère Michel.* Le Changala entendait le signal et comprenait qu'il était l'heure de sortir clandestinement du grenier pour rentrer officiellement dans la maison. Il ne lui restait plus qu'à descendre prudemment l'escalier, à rejoindre son complice sous le sapin et à jouer ensemble la scène touchante du retour des deux écoliers. Avec un naturel parfait, le Changala s'affaissait sur une chaise, visiblement épuisé par le travail scolaire et le long trajet.

Papa avait pour nous le choix entre deux écoles : l'une qui se trouvait en face de notre maison, soit de l'autre côté de la rue ; l'autre qui se trouvait au bout de la ville et obligeait nos petites pattes à couvrir, en deux aller-et-retour, quelque six kilomètres par jour. Mais il n'eut pas pitié de nos pieds ni de nos oreilles ni de nos mains, ni de nos bronches, auxquels l'hiver franc-comtois infligeait de l'onglée, des crevasses, des gerçures, des engelures, voire des congestions ; il n'eut souci que de notre âme et, comme il croyait sincèrement qu'elle courait des risques dans l'école la plus proche, qui était laïque, et qu'elle prendrait le chemin de la vertu dans l'autre, qui se disait libre, il choisit sans hésitation l'école de Dieu, c'est-à-dire celle qui se trouvait au diable. Ma situation ne va pas s'en trouver simplifiée. Audincourt avait reçu beaucoup d'Alsaciens après 1870. Ils s'étaient parfaitement intégrés au milieu franc-comtois. Après 1918, il en était arrivé d'autres, attirés par l'industrie locale. On les acceptait moins bien. Dialogue garanti d'époque :

— Qu'est-ce-que vous pensez des Alsaciens, madame Dupont ?

— Ils sont bien gentils, madame Lajoie. Dommage qu'ils soient si peu français. Quand je les entends hachepailler entre eux, ça me met hors de moi[1].

— Moi aussi, madame Dupont. Dire que des millions de nos gars sont morts pour les libérer et qu'ils continuent à parler comme des Boches...

Ce genre de réflexion rendait le Changala bien triste et bien perplexe. Non seulement les Alsaciens étaient de vrais patriotes, mais papa les proclamait plus français que les Audincourtois eux-mêmes et

1. Hachepailler, néologisme forgé par les Franc-Comtois à partir de l'expression *hacher de la paille* qui signifie : parler allemand.

depuis plus longtemps, depuis 1648, alors que les Francs-Comtois ne l'étaient que depuis 1793, et officiellement depuis le traité de Lunéville en 1801, ce qui faisait : 1801 – 1648 = 153 ans de différence à l'avantage des Alsaciens. Même si on déduisait 47 ans d'annexion — mais ça n'était pas juste, les Alsaciens avaient poussé des cris d'écorchés vifs pour ne pas être livrés comme du bétail, c'était l'incapacité de Napoléon III, la traîtrise de Bazaine, le lâche et perfide consentement d'Adolphe Thiers qui les avaient abandonnés à l'ennemi — même si on déduisait ces 47 ans, ça faisait encore une différence de 106 ans, alors vous voyez... Quant à la médiocrité de leur français, voire leur ignorance de la langue nationale, on aurait dû les plaindre au lieu de les blâmer, si la France ne s'était pas laissé voler l'Alsace-Lorraine, ils ne seraient pas allés à l'école allemande, ils auraient appris le français et le parleraient aussi bien que les Audincourtois (calculs et commentaires de papa).

Tout ça, le Changala le savait fort bien. Il n'empêche que devant ses copains francs-comtois, il évitait de hachepailler ; il ne le faisait qu'à la maison. Dans la rue, quand un Alsacien l'interpellait en dialecte, il répondait en français ; il lui semblait que la langue maternelle le déclassait, le rendait inférieur, pour tout dire un peu boche. Bref, l'enfant Herrgott, l'enfant du Bon Dieu ne voulait pas être pris pour un canard sauvage, un canard germanique... Un jour, un crétin venimeux, pensant l'aplatir d'une écrasante injure, le traita de *boche*. Il lui fit rentrer le mot dans la gorge avec une telle violence qu'il n'en ressortit jamais plus.

Un autre souvenir m'arrive qui est le pendant du précédent. Il se passe en Alsace. Tante Marguerite, qui habitait Guebwiller et possédait un pêcher, qui savait aussi combien j'aimais les pêches, m'avait invité à venir en cueillir pendant que nous séjournions dans le Florival. Maman me mit mon costume tricolore — culotte bleue, chemisette blanche, cravate rouge — je pris le train pour Guebwiller et, comme j'enfilais la rue d'Issenhein en rêvant que je traversais le Texas, je vis à cinquante pas devant moi trois Indiens de mon âge qui, visiblement, m'attendaient. Étaient-ils pacifiques ? Étaient-ils belliqueux ? Allaient-ils me décocher des flèches ou m'inviter dans leur wigwam ? Ce furent les flèches qui partirent. Verbales, pour commencer : « *Lueg do, s'walcha tockala !* tiens, tiens, le petit con français ! Que viens-tu faire sur notre territoire, petit con ? »

Si je voulais me faire mousser, je prêterais au Changala une réplique foudroyante du genre : « vous tombez bien, il me faut trois scalps ! » Mais il ne dit rien, il s'efforça de rester digne et poursuivit son chemin. Aussitôt les Indiens lui sautèrent dessus. Il reçut des coups, il en rendit, mais, que vouliez-vous qu'il fit contre trois ? L'un des attaquants avait de belles oreilles rouges. L'idée lui vint de les bouffer. Il planta ses canines dans l'une d'elles. Le mordu poussa un cri si déchirant que les deux autres, impressionnés et croyant sans doute à quelque arme secrète, lâchèrent prise aussitôt, ce dont le Changala profita pour quitter au plus vite, mais victorieusement, le champ de bataille.

Il existe peut-être, à Guebwiller, un sexagénaire présentant une cicatrice à l'oreille. Si elle provenait d'une morsure reçue dans l'enfance et s'il voulait bien se faire connaître, j'aurais plaisir à lui offrir le verre de la réconciliation.

Boche à Audincourt, petit con français à Guebwiller, le Changala, comme vous voyez, avait de sérieux problèmes d'identité.

Hautes études culinaires.
Le pain, le gîte et l'instruction.
Les châteaux du Doubs. Noblesse polonaise.
Le carré des innocents.

Maman connaissait des tourments analogues. Elle en souffrait en silence, c'est le cas de le dire. Dans les conversations entre Alsaciens, elle montrait infiniment de finesse et d'humour. Mais en français, comme les mots lui manquaient pour exprimer ses sentiments ou donner libre cours à son esprit, elle restait généralement muette. Sauf quand elle mettait ses petits pieds dans le plat.

Mon père était fière de son épouse et particulièrement de ses talents culinaires. Aussi conviait-il volontiers des amis, petits bourgeois comme lui, à venir déguster ce chef-d'œuvre du genre qu'était la choucroute maternelle. Les hommes parlaient de la chute récente ou prochaine du gouvernement (il y en avait toujours un qui tombait ou qui allait tomber), et les femmes demandaient à maman ce qu'elle pensait du dernier Claude Farrère. Or, il suffisait d'entendre l'Alsacienne jargonner le français pour se rendre compte que la prose de monsieur Farrère, pour facile qu'elle fût, était encore très au-dessus de ses moyens et que le dernier enfant du maître la laissait aussi froide que les précédents. Papa venait à son secours, expliquant qu'ayant vécu en Alsace annexée, elle avait dû faire ses études en allemand. Un jour, l'une de ces dames qui avait poussé les siennes jusqu'au seuil de l'Université, voulut savoir en quoi consistaient les lauriers de maman. Elle répondit fièrement : « Matame, ch'étais pas à l'Université, ch'étais à l'école ménachère, c'est là que ch'ai appris à faire la ponne choucroute. » (sous entendu : c'est pas chez Claude Farrère, petite pimbèche, que t'en mangerais de la comme ça !)

Aux complexes que me donnait le dialecte s'ajoutaient les problèmes que me posait l'école. Si j'en crois ma mémoire et en schématisant beaucoup, Audincourt était alors divisée en deux clans, disons plutôt deux milieux. Le milieu catholique gravitait autour des Forges et occupait le quartier du même nom. La Compagnie des Forges, entreprise importante et un tantinet féodale, avait pour actionnaires des hommes dont la fortune n'avait d'égale que la foi. Ils n'assuraient pas seulement le pain et le logement des familles, ils dispensaient également une instruction chrétienne aux enfants de leurs ouvriers. Aussi finançaient-ils l'école libre où le Pierri et moi avons sucé le lait plus ou moins crémeux de l'enseignement catholique.

Le milieu protestant avait ses racines au village, ce qu'on appelle aujourd'hui le centre-ville. Familles humbles comme mes amis Bohin ou familles fortunées comme celles des Peugeot ou des Japy, dont les grandes et belles demeures prenaient, sur les berges du Doubs, des allures de châteaux de la Loire, elles comptaient toutes plusieurs quartiers de noblesse audincourtoise. Leur pasteur, M. Vurpillot, était un homme d'une grande douceur et d'une infinie distinction. Je déplorais que sa religion m'empêchât de le vénérer sans restriction.

Il va sans dire que les protestants envoyaient leurs enfants à l'école communale et laïque, autrement dit à l'école du village. Les deux communautés vivaient en bonne intelligence. Il n'y avait pas de guerre entre les deux écoles mais il y avait d'assez beaux engagements entre les écoliers. Cela commençait par des bombardements d'injures — villageois, sales putois, forgerons, sales cochons — puis on échangeait des projectiles plus sérieux qui variaient avec les saisons : boules de neige, marrons d'Inde, fruits pourris. Enfin on en venait au corps à corps qui se poursuivait jusqu'à ce qu'il y eût assez d'yeux pochés, de nez sanguinolents et de poils arrachés pour justifier la fin des hostilités.

En tant que forgeron, le Changala, déjà plus ou moins marginalisé, comme on dit dans le jargon de nos jours, par sa condition d'Alsacien, était évidemment suspect aux villageois. Mais comme il habitait le village, il n'était pas tout à fait accepté par les forgerons. Papa le gavant d'instruction religieuse, pour ne pas dire de théologie, il était le plus brillant sujet du cathéchisme. Mais, quand il servait la messe, il se voyait relégué dans des fonctions subalternes. C'est qu'il y avait une hiérarchie parmi les enfants de chœur : le numéro un était le cérémoniaire, le numéro deux portait l'encensoir, le numéro trois tenait la navette et les numéros quatre et cinq trimbalaient un cierge et n'étaient là que pour la figuration. Eh bien, comme les forgerons accaparaient tous les grands rôles, le Changala était toujours le numéro cinq et comme il croyait, non sans raison, que le port du cierge lui donnait l'air d'une andouille, particulièrement aux yeux de Janine, d'Yvette, de Muguette et de quelques autres fillettes qu'il aimait, il passait la cérémonie à couvrir de muettes imprécations la navette, l'encensoir, le cérémoniaire et même le curé. (Je sais, j'ai dit plus haut que le Changala était monogame. Eh bien, ça dépendait des moments.)

Cela dit, il avait des amis dans les deux camps. A l'école des Forges où les enfants des travailleurs immigrés étaient nombreux, l'obscure solidarité des corniauds poussait le Français d'Alsace à rechercher la compagnie des petits Italiens ou des petits Polonais. Était-ce la pauvreté ? Était-ce le manque d'hygiène ? Beaucoup d'entre eux avaient la peau grise, le teint maladif et la chevelure habitée. Je me souviens de trois petits frères à la narine desquels pendait une même goutte, une chandelle à crémaillère qu'ils aspiraient en reniflant et qui réapparaissait aussitôt.

Je me souviens aussi de la générosité du petit Wysminski, qui venait des bords de la Vistule et avait le poil quasiment blanc. Le chewing-gum était apparu depuis peu sur le marché français et Wysminski en faisait une consommation incroyable. Il mâchait plusieurs tablettes à la fois pour les agglomérer en une boulette qui avait la grosseur d'un œuf de pigeon. Je n'avais jamais goûté à l'étrange produit mais il piquait, sinon ma gourmandise, du moins ma curiosité. Wysminski me demanda si j'en voulais. J'acquiesçai, pensant qu'il allait m'offrir une tablette ou une dragée. Mais il fourra le pouce et l'index dans sa bouche, décolla la gomme de ses molaires et me la tendit toute gluante de salive. Il y avait dans son regard une telle générosité, un si vif désir de plaire à son camarade que le Changala n'osa pas refuser l'offrande. Il fut sauvé par un spasme de la glotte qui projeta la boule sur le pupitre du Père Hintzy. Sauvé, c'est une façon de parler, car un « qui a fait ça ? » retentissant fit frémir la classe et onduler les entrailles du Changala.

Il aurait bien levé son bras, malheureusement il pesait plusieurs tonnes et ce n'étaient pas les flammes que jetaient les yeux du père Hintzy qui allaient le désankyloser. Tremblant de colère, la voix du maître menaçait de nouveau : « Si le porc qui a fait ça ne se dénonce pas immédiatement, c'est toute la classe qui paiera ! » Bref, ça sentait la prise d'otages, pour ne pas dire l'exécution en masse, et le bras du Changala se faisait de plus en plus lourd. C'est alors que Wysminski leva le sien...

Il y eut un énorme silence. Le regard du père Hintzy continuait à flamboyer : « viens ici », dit-il d'une voix coupante. Wysminski, les mains derrière le dos, marcha vers le supplice. Au fond de moi se formait le cri que j'aurais dû pousser : « C'est pas lui, M'sieur, c'est moi ! » Mais ma gorge était aussi paralysée que mon bras. Arrivé au pied de l'estrade, Wysminski s'arrêta, la tête haute et le regard braqué sur le bourreau. Le père Hintzy descendit vers lui. Il écumait de rage : « Tu vas baisser la tête, dis ! Tu vas baisser la tête ! » Mais baisser la tête était une chose que Wysminski ne savait visiblement pas faire. Il ne la fit donc pas.

La première claque partit, elle eût du l'envoyer au sol, mais il resta debout, droit comme un sabre. La seconde, quoique plus violente encore, eût le même résultat. Alors le père Hintzy eut recours à son supplice préféré. Wysminski fut invité à tendre les mains. Le bourreau prit une règle de métal et les coups se mirent à pleuvoir sur les phalangettes. Généralement, les victimes de ce châtiment poussaient des cris affreux et retiraient leurs mains après chaque coup. Wysminski serrait les dents, ne laissait échapper aucune plainte et gardait les doigts héroïquement tendus.

Le Changala, en revanche, ressentait si fort les coups reçus par son camarade qu'il mit spontanément ses mains sous ses aisselles. Il eut bien voulu s'asseoir aussi sur sa conscience mais les remords dont elle était hérissée lui eussent labouré le séant. Elle apportait tant de véhémence à le traiter de lâche et de salaud qu'il se décida enfin à voler au secours de Wysminski... Trop tard ! la force d'âme du Polonais avait eu raison du père Hintzy qui venait de poser sa règle et d'inviter la victime à regagner sa place.

Lorsque, le visage pourpre et les doigts violacés, il arriva devant le Changala, il lui dédia un sourire plein de tendresse et d'amitié qui acheva de lui retourner le cœur. Puis il reprit sa place à côté de lui. Il posa sa main sur la sienne et la serra fraternellement entre ses doigts meurtris pour bien lui faire comprendre qu'il restait son ami.

Le Changala fut tellement ému par la noblesse de son camarade qu'il ne put se retenir de raconter l'épisode à son père, en oubliant toutefois les détails désobligeants pour lui. « Les Polonais sont un peuple fier et courageux, dit papa, ton oncle Fouchs les connaît bien. » Maman crut devoir ajouter qu'il connaissait surtout les Polonaises, ce dont papa lui fit reproche : « Voyons, Babette, pas devant le petit ! »

Or, le petit était au courant. Il avait trop souvent accompagné l'oncle Fouchs dans les auberges du Florival pour ignorer ses exploits. L'oncle, qui avait guerroyé en Pologne, faisait de merveilleux discours. Il ne fatiguait pas son auditoire par des récits sanglants, il racontait des souvenirs délicieux, ceux que lui avait laissés l'hôpital où il avait été soigné par des dames de l'aristocratie polonaise, notamment la comtesse Bozena de la voivodie de Cracovie (le Changala avait retenu l'adresse), qui possédait le plus beau derrière d'Europe et peut-être du monde, un derrière dont l'oncle Fouchs disait qu'il avait la fermeté du marbre, l'éclat de la rose et la douceur du satin... Si j'éprouve aujourd'hui une tendre admiration pour la Pologne, c'est parce que Wysminski m'a révélé sa noblesse et l'oncle Fouchs ses beautés.

Les châtiments corporels tenaient une place non

négligeable dans la pédagogie du père Hintzy. A côté des supplices raffinés, il distribuait des râclées spectaculaires dont le bénéficiaire le plus attitré était le Maurice Bouveresse. Mais lui ne jouait pas les hommes de fer. Il se roulait par terre, poussait des cris déchirants et hurlait si fort à l'assassin que le tortionnaire se fatiguait avant lui. Quand il se relevait il poursuivait son cinéma en mimant les violentes douleurs et les inquiétants symptômes que provoquent les fractures multiples, les éclatements de rate, les hémorragies internes ou les traumatismes crâniens. Le numéro fini, l'admirable clown nous adressait un clin d'œil qui signifait : « Ai-je été bon ? » Certes il l'avait été. Si bon qu'on regrettait de ne pouvoir l'applaudir.

Sous la rude enveloppe du dompteur de fauves, le père Hintzy cachait une âme sensible. Sa femme étant tombée malade, il nous réquisionnait pour obtenir sa guérison. C'est ainsi que tous les matins et tous les soirs, cinquante âmes d'enfant ajoutaient à la prière habituelle un supplément de trois Pater et trois Ave pour madame Hintzy. Nous ne voulions pas qu'elle meure, mais nous ne souhaitions pas non plus qu'elle guérisse. Sa maladie rendait son mari moins sévère et l'obligeait à quitter la classe plusieurs fois par jour pour lui donner des soins. Vous connaissez sûrement l'orgie de liberté qui s'empare d'une classe sans maître. Pendant qu'un guetteur surveillait son retour, les clowns faisaient les pitres, les grossiers couvraient le tableau d'inscriptions scatologiques et les obsédés y dessinaient des zizis qui tenaient bien moins du priape que du robinet.

Quand le guetteur voyait paraître le maître à l'horizon, il sifflait entre ses doigts. On se ruait sur les éponges pour effacer les cochonneries, et chacun regagnait sa place en se composant un visage profondément affligé par la maladie de madame Hintzy.

On priait aussi pour les actionnaires de la Compagnie des Forges. Que l'un d'eux contractât une pneumonie double ou souffrît d'une occlusion intestinale, nos cœurs purs intercédaient pour lui. On s'étonnait du reste que des gens de cette importance aient besoin de nos humbles secours. A entendre le fervent respect avec lequel on prononçait leur nom — Monsieur Joessel, président directeur général, monsieur Nickly, directeur et monsieur Vienne, ingénieur en chef, on ne voyait guère ce qui différenciait leur trinité de celle du Père, du Fils et du Saint Esprit.

Un jour, nous commençâmes à prier pour le petit Pons. Un enfant timide et grave qu'une maladie dont le nom faisait peur — la méningite — venait de saisir entre ses griffes. On nous expliquait que le Bon Dieu l'aimait, qu'il allait peut-être lui envoyer ses anges pour l'emmener au paradis et qu'il fallait beaucoup prier pour le garder parmi nous.

Le Changala ne cherchait pas à comprendre le paradoxe, mais il sentait obscurément qu'entre le Bon Dieu et les gamins de l'école des Forges, la partie n'était pas égale... Tous les matins, le père du petit malade apportait des nouvelles. Il parlait d'une voix étouffée mais, dans le silence de mort qui s'installait dans la salle, nous entendions tout. « Il souffre, si vous saviez comme il souffre ! » sanglotait le malheureux. Le père Hintzy lui pressait les mains : « Nous allons bien prier pour lui ! » Pons remerciait et s'en allait, cassé par la douleur.

Le père Hintzy nous faisait mettre à genoux et la prière s'élevait, pressante comme une adjuration. Le Changala n'était pas le moins suppliant mais il se demandait comment le Bon Dieu recevrait son appel s'il n'entendait pas les cris du petit Pons.

Dieu eut pitié de l'enfant martyr. Un matin, nous vîmes arriver monsieur Pons avec un costume et un chapeau noirs. Nous comprîmes que notre petit camarade était au paradis. En tout cas, le Changala avait trop besoin d'y croire pour en douter.

Les élèves se cotisèrent pour offrir une gerbe au petit Pons et le Changala fut désigné, avec deux autres camarades, pour la déposer chez lui. On les conduisit vers le lit où reposait l'enfant. La souffrance avait ravagé le petit visage. Les yeux fermés lui donnaient un aspect irréel. Le petit Pons s'était visiblement échappé de ce minuscule cadavre. Où aurait pu se trouver son âme sinon au paradis ? Il faut dire que les enfants mouraient plus souvent que de nos jours. Dans le cimetière, le carré des innocents alignait des petites tombes entourées d'un grillage blanc qui les faisaient ressembler à des berceaux. Sur la croix, blanche elle aussi, on pouvait voir, exposées dans des médaillons, les photographies des petits défunts. Les uns souriaient aux anges. Le regard des autres semblait explorer l'inconnu.

Anges gardiens. Conquête de l'Ouest.
La sans-culotte. Troublantes nudités.
Recherches scientifiques. Contes sanglants.

Le Changala craignait peu la mort. Papa lui avait appris, et le catéchisme après lui, que les êtres humains avaient tous un ange gardien, particulièrement les enfants qui sont plus faibles et plus exposés au danger que les adultes. Il l'avait d'abord convaincu de l'existence des esprits célestes en lui expliquant la loi de la gradation des êtres : les minéraux, les végétaux, les animaux, l'homme... « Et qui vient après l'homme, Changala ? » demandait papa. Le Changala répondait : « Dieu, papa, Dieu ! » Papa le détrompait : entre l'homme et Dieu il existait des êtres intermédiaires, purement spirituels, qu'on appelait les anges. Sans eux il y aurait eu comme une place vide dans la gradation.

Parmi les anges, qui étaient des myriades et des myriades, il s'en trouvait qui étaient spécialement affectés à la garde des humains.

— Alors, j'ai un ange personnel, papa ? demandait le Changala.

— Oui tu as un ange gardien, Changala.

— Et où se tient-il, papa ?

— A côté de toi, Changala.

— Et qu'est-ce qu'il fait, papa ?

— Il veille à ce qu'il ne t'arrive rien et surtout à ce que tu ne commettes pas de péchés.

— Et il me suit partout, papa ?

— Il te suit partout.

— Même au petit coin ?

— Ne dis donc pas de bêtises, Changala.

— Peut-être qu'il se tient derrière la porte.

— C'est ça, il reste derrière la porte.

Il est évident que l'ange en question était plutôt un garde de l'âme qu'un garde du corps. Rien à voir avec les gorilles du Saint-Père et des chefs d'État. Celui du Changala ne devait pas chômer, il était particulièrement actif le dimanche, quand l'usine était fermée et que papa la livrait à ses fils, lesquels y introduisaient à leur tour tous les flibustiers du quartier. Il faut dire que c'était un terrain de jeux grandiose. L'attraction principale se composait d'une demi-douzaine de wagonnets qui se déployaient sur quelque cinq cents mètres de voie ferrée, avec aiguillage, plaques tournantes et autres accessoires.

Il n'y avait quasiment aucun effort d'imagination à faire pour reconnaître en cet ensemble le réseau de la Pacific Union, implantée en plein cœur du paysage américain. Je veux dire que la voie franchissait un cours d'eau (le Rio Grande), longeait des montagnes de houille ou de sable (les Rocheuses) et s'engouffrait dans plusieurs ateliers qui devenaient de superbes tunnels. L'usine disposait aussi de plusieurs chariots qui ne demandaient qu'à faire fonction de diligence. Bref, avec une demi-douzaine de bandits, une danseuse de saloon, le shérif Changala et l'aide shérif Pierri, toutes les conditions d'un bon western se trouvaient réunies.

D'autres gamins ayant appris la chose, le Changala les embaucha pour faire les Indiens et les disposa sur les falaises, autrement dit sur les toits. Seul élément relevant de l'imagination pure : les chevaux. Mais notre façon de galoper et le tagada-tagada dont s'accompagnait notre course ne laissait aucun doute sur la qualité de nos pur-sang.

J'ai parlé d'une danseuse de saloon. C'était une sauvageonne d'origine yougoslave qui ne se plaisait que dans la compagnie des garçons. Malheureusement elle manquait un peu d'hygiène, et les seuls savons qu'elle semblait connaître étaient ceux que lui passaient des parents plus ou moins biberonneurs. Son éducation n'était pas leur souci dominant et sa mère la laissait sortir en robe dépenaillée et sans sous-vêtements. Aussi l'appelions-nous la sans-culotte.

Vous pensez bien que cette particularité ne nous inspirait pas des pensées vertueuses. Pour nous reposer des attaques de diligence ou de train, nous l'emmenions dans la remise élevée à la dignité de saloon et nous lui demandions de nous montrer son petit trésor. Nous savions qu'elle n'y consentait que moyennant finance et tous ceux qui voulaient assister au spectacle allongeaient leurs dix sous.

Ce n'était pas une effeuilleuse accomplie. Elle se contentait de monter sur un escabeau et de retrousser sa robe à la hauteur du nombril. On voyait apparaître une petite fente insignifiante et le rideau retombait. La déception était générale et chacun regrettait ses dix sous. Le Changala songeait à son ange gardien ; il se demandait si le bijou de la sans-culotte avait offensé sa pudeur ou s'il l'avait, comme lui, trouvé sans intérêt. Cela dit, la déception s'oubliait vite et nos loustics étaient tellement hantés par le mystère de la féminité qu'à chaque occasion de s'informer à nouveau ils étaient prêts à sortir leurs dix sous.

Le Changala poursuivait ses recherches par d'autres moyens. Il empruntait à son papa les tomes du Grand Larousse encyclopédique et, feignant de s'intéresser aux planches en couleurs — mammifères, oiseaux, papillons, uniformes, drapeaux et autres décorations — il laissait son regard bifurquer vers les planches réservées aux beaux-arts où de fort jolies dames montraient leurs nénés, leur derrière et le reste. Il y avait plusieurs Léda qui jouaient avec des cygnes, des cygnes qui s'allongeaient sur elles comme pour leur faire des enfants, il y avait trois chastes Suzanne qui prenaient leur bain devant des vieillards barbus — sûrement que ceux-là avaient payé plus de dix sous — il y avait une page pleine de Vénus, les unes cachaient leur bijou avec leurs cheveux qui étaient très longs, d'autres posaient leur main dessus, on avait envie de la soulever pour voir ce qu'elle dissimulait, il y avait une Olympia, c'était pareil, sa main restait posée comme une coquille sur son bas-ventre, il y avait encore une nommée Phryné qu'on dépouillait de sa chemise devant l'aréopage, un mot qui faisait d'autant plus penser à des aviateurs que tous ces types qui la regardaient avaient l'air d'être au ciel. Un jour, papa me surprit à contempler des odalisques, il y en avait trois, deux dont le peintre s'appelait Ingres, une autre qui était d'un certain Delacroix. Heureusement, juste au-dessous de l'odalisque de Delacroix, il y avait un *Jésus au mont des oliviers* du même peintre. Quand papa lui avait demandé ce qu'il regardait, le Changala avait posé l'index sur le Sauveur et avait commenté la scène : « C'est quand les apôtres ronflaient comme des sonneurs et que le Bon Jésus n'avait pas envie de boire le calice. » Papa n'avait pas été dupe, il avait bien remarqué les odalisques et même cette jolie cochonne d'Olympia qui était sur la même planche, mais il n'osa pas proscrire Delacroix, Ingres, Manet et les autres ; il n'osa pas priver son fils des nobles émotions que lui procuraient les chefs-d'œuvre de l'art. Il se contenta de dire : « Bien, bien, c'est très bien ! J'espère que tu ne feras pas comme les apôtres, que tu ne t'endormiras pas quand Jésus aura besoin de toi. »

Le Changala rassura son père et poursuivit ses investigations dans d'autres directions. Nous avions une voisine qui promenait, comme une gloire, une grossesse de neuf mois et annonçait chaque jour son prochain accouchement. Le mot accouchement intrigua le Changala qui consulta, mais en homme de science cette fois, le Larousse encyclopédique. Il apprit ainsi, entre autres choses, que l'accouchement était dû aux contractions de l'utérus. Suivant la piste donnée par cette indication, il apprit encore que l'utérus communiquait avec le vagin. Sentant qu'il touchait au but, il poursuivit son enquête de mot en mot et, comme Pascal qui découvrit seul, à douze ans, les trente-deux propositions d'Euclide, il pénétra, seul lui aussi, les mystères de l'appareil féminin. Comme ne manqueront pas de dire mes détracteurs, on est le Pascal qu'on peut.

Il va sans dire que le Changala avait aussi d'autres lectures. Plus saines ou plus perverses ? A vous de juger. Il passait des heures à tourner les pages de *L'album de la Grande Guerre* édité par *l'Illustration*. Un album en deux énormes volumes qu'il ne pouvait déployer que sur la table de la salle à manger. L'ouvrage s'ouvrait sur les superbes photos des vainqueurs, à savoir les maréchaux Joffre, Foch, Pétain et autres héros étoilés qui le présentaient, l'encensaient, le glorifiaient et le recommandaient chaleureusement aux acheteurs.

Le Changala saura plus tard que ces prestigieuses figures n'étaient souvent que des ganaches rongées par l'ambition et sous le pouvoir desquelles des milliers d'hommes allaient se trouver broyés comme le grain sous la meule ou le raisin dans le pressoir. Pour l'instant, il les vénérait et, quand le plus illustre d'entre eux, le Maréchal Foch, était mort au fond de son lit, il avait eu beaucoup de peine, beaucoup de fierté aussi car on avait mis le Maréchal près de Napoléon, la France pouvait se dire heureuse ; elle possédait les plus grands chefs de guerre de tous les temps.

L'album commençait par évoquer les derniers

jours de la paix. On voyait l'archiduc François-Joseph monter dans sa belle voiture avec sa moustache en croc et son épouse morganatique. « Papa, qu'est-ce que ça veut dire, morganatique ? » Papa expliquait que la femme de l'archiduc n'était pas de sang royal mais, quand une balle vous troue la peau, sang ordinaire ou sang royal, il s'échappe tout pareil. C'est ce qui était arrivé à Sarajevo avec l'archiduc et sa femme et c'est ce qui allait arriver à dix millions d'autres hommes. « Oui, disait papa dans un raccourci qu'il citait à tous propos, les deux coups de feu de Sarajevo ont tué dix millions d'hommes. »

Les images suivantes montraient les funérailles du couple. L'archiduc étant le chef suprême des armées, il avait droit aux honneurs militaires mais, comme on ne pouvait les rendre à sa femme, toujours à cause de cette différence de sang dont il ne restait plus une goutte dans les cadavres, il en fut privé lui aussi.

Venaient ensuite les photos des vedettes : le tsar, le roi d'Angleterre, celui des Belges, le Poincaré pour le camp des justes, le Kaiser et le vieux François-Joseph pour celui des méchants. Suivaient les figurants, je veux dire les acteurs principaux, qui avaient l'air tout heureux de partir pour Berlin et dont le Changala savait déjà qu'on allait les retrouver dans les pages suivantes, criblés de petits trous rouges et couchés dans les blés.

Il y avait des images plus impressionnantes que d'autres, celles du maire de Senlis, il s'appelait monsieur Odent, on le voyait debout à côté de sa tombe, les Allemands l'avaient creusée sous ses yeux avant de le fusiller. Celle aussi d'un berger français, soupçonné d'avoir renseigné les Allemands avec le concours de ses moutons. La légende expliquait que la composition de son troupeau, le nombre des bêtes et la couleur de leur toison avaient une signification conventionnelle pour l'ennemi. Aussi avait-on fusillé le berger sur le champ. On le voyait, affaissé sur lui-même, au pied du poteau, les vêtements lacérés et la tête inclinée sur l'épaule. Au-dessus du corps on avait accroché une pancarte avec ces mots, calligraphiés par un artiste : « espion, traître à son pays ». Le Changala, ce malheureux, tout traître qu'il fût, le faisait penser au Crucifié. Quant à papa, il se méfiait des jugements trop sommaires. Au collège de Reims, quand il avait encore l'accent alsacien, ses condisciples l'avaient trop souvent traité d'espion de *Pissemarque* pour que le mot ne lui meurtrisse pas le cœur. Mais le sang coulait déjà trop pour qu'on s'arrête à ces détails.

Il coulait trop mais il coulait gaiement. Notre État-Major avait basé sa tactique sur la psychologie de la nation française et l'élan naturel du piou-piou, fougueux descendant des soldats de l'an II. Allez enfants de la patrie, mettez vos beaux pantalons rouges, fleurissez vos fusils, nous allons pratiquer l'offensive à outrance, la tactique du taureau... Malheureusement, le taureau allait foncer à tort et à travers et, après quarante jours de guerre fraîche et joyeuse, trois cent mille jeunes Français étaient couchés dans les chaumes ou les betteraves, et trois cent mille autres sur des lits d'hôpitaux. L'album ne donnait pas ces chiffres mais papa les connaissait et parfois éprouvait le besoin d'expliquer à son fils que la guerre était moins jolie qu'on ne croyait.

Il lui arrivait de faire des réflexions inattendues. Sous le titre : « une solennité militaire unique », l'album montrait un homme de troupe aligné avec douze généraux. La légende disait : « A la gauche de douze généraux et sur le même rang que ces grands chefs, le soldat Ernest Klein, pour avoir sauvé sous le feu son sergent blessé, va recevoir du Général Joffre la médaille militaire et l'accolade qui désormais l'accompagne. Comme le Changala s'émerveillait de l'honneur fait au simple soldat, il entendit papa murmurer que, s'il avait eu, lui, treize médailles à décerner, il aurait renversé la proportion en décorant douze hommes et un général. Quant à l'accolade, il laissait franchement entendre que c'était une maigre récompense pour un brave, et une bien mince consolation pour un mutilé que le baiser d'un moustachu, fût-il général en chef. Comme vous le voyez, il arrivait que le patriotisme inconditionnel de papa fit des couacs. C'était son bon sens alsacien qui reprenait le dessus.

Il faut dire que les images de l'album elles-mêmes, pour glorieuses qu'elles se voulaient, finissaient par sombrer dans l'horreur. La guerre rentrait sous terre. Comme si elle avait honte. Oui, les hommes se terraient comme des bêtes. Ils creusaient des trous. Vous pensez bien qu'on ne creuse pas des trous pour se battre. Ils les creusaient pour ne pas être tués. Naturellement, ils l'étaient quand même, ils étaient là pour ça et les trous, après tout, convenaient mieux aux morts qu'aux vivants. Mais on sentait bien que les grands chefs n'appréciaient pas ce croupissement. Ces deux armées géantes soudain clouées sur place, agglutinées l'une à l'autre comme l'Ange blanc et le Bourreau de Béthune dans une partie de catch, ça contrariait leur génie offensif. Même le Changala, l'horreur commençait à le fatiguer. Mais les grands chefs trouvèrent la solution. Puisque les armées ne pouvaient plus avancer ni reculer, ils décidèrent de les saigner sur place. L'album montrait comment, de petites attaques en grandes offensives, on transforma la terre française en un gigantesque pudding aux cadavres. Il y avait des noms comme Verdun, Douaumont, Craonne qu'on ne pouvait plus prononcer sans frisson. Suprême horreur : les gaz, et ces masques en forme de groin qui donnaient aux combattants des visages de cochons.

Dieu merci, il restait encore des exploits héroïques comme celui du caporal Gontaudier qui, ayant repéré un abri allemand d'où partait une fusillade nourrie, remplit sa musette de grenades et se glissant d'arbre en arbre, arriva devant le refuge de l'ennemi. Il arrosa l'abri de quelques explosifs et cria : « Rendez-vous ! » Alors il vit sortir deux officiers et cent hommes, pas un de moins, auxquels il fit mettre les mains sur la tête et qu'il ramena dans les lignes françaises avec pour seule arme une grenade dans chaque main. M. Poincaré se déplaça en personne pour lui remettre la croix de la Légion d'honneur et lui donner l'accolade présidentielle. Le Changala calcula qu'avec dix mille musettes de grenades et dix mille caporaux Gontaudier, la France aurait pu capturer un million d'Allemands. Il est vrai que cette tactique aurait posé le problème des accolades aux héros. Même si tous les chefs s'y étaient mis, ils auraient passé le plus clair de leur temps à embrasser la troupe.

Le Changala, qui ne manquait pas d'imagination, pensait qu'on aurait pu confier la mission à de belles danseuses, ou à ces dames qui servaient de modèles aux grands peintres pour leurs odalisques. On se serait battu pour avoir des médailles...

Mais ses héros favoris étaient des aviateurs et particulièrement le plus illustre d'entre eux, le capitaine Guynemer qui avait précipité dans les flammes de l'enfer quatre-vingts Allemands avant de gagner directement le ciel dont personne ne le vit plus jamais redescendre. Il arrivait souvent que le Changala s'enfermât dans sa chambre d'où s'élevaient alors des bruits singuliers : celui d'une hélice qu'on mettait en marche, d'un avion qui décollait, prenait de l'altitude et descendait en piqué... Soudain, c'était le crépitement d'une mitrailleuse et une énorme explosion. Le Changala venait de remporter une nouvelle victoire. Suivait un long silence interrompu par une sonnerie de clairon : sur l'esplanade des Invalides, le Changala recevait, des mains du président Poincaré, la croix de la Légion d'honneur. Un silence encore, suivi d'une marche nuptiale et du bruit considérable d'une douzaine d'avions croisant en plein ciel : pendant que sous les voûtes de Notre-Dame, l'archevêque de Paris bénissait le mariage du Changala avec mademoiselle Meyer, l'escadrille des Cigognes, celle de Guynemer et du Changala survolait la cathédrale en lâchant des fusées tricolores.

Mais à l'Est voici du nouveau. Un vent se lève qui n'a rien d'un zéphyr, des gens sans étoiles, sans galons, sans décorations, des civils inconnus et passablement débraillés — un nommé Oulianof, dit Lénine, un nommé Trotski, et d'autres excités — ont chassé le tsar et pris le pouvoir en Russie. De vraies canailles, disait l'album, un régime effrayant qui évoquait moins la Commune ou la Terreur que les sombres époques du Moyen Age, ces gens-là n'étaient pas seulement des pillards, des violeurs, des incendiaires et des assassins, c'étaient aussi des traîtres. Ils signaient un armistice avec les Allemands. Du coup, on ne savait plus lesquels étaient les plus écœurants, des révolutionnaires qui pactisaient avec les ennemis de la Russie ou des Boches qui traitaient avec la canaille rouge. Quant à la disparition du front oriental, elle allait permettre à l'ennemi de retourner ses canons et ses hommes contre les Alliés.

Mais c'était compter sans Zorro et ses cow-boys, je veux dire sans le Général Pershing et le corps expéditionnaire américain. L'album prenait soudain des allures de western et on galopait à tombeau ouvert, c'était le cas de le dire, vers le dénouement. Cependant, après quatre ans de boucherie, les Allemands trouvaient encore le moyen de se surpasser, en pointant la grosse Bertha sur Paris et en choisissant le jour du Vendredi Saint et l'heure de l'office des Ténèbres pour éventrer l'église Saint-Gervais et tuer soixante fidèles, dont deux Suisses. Massacrer des civils, c'était déjà monstrueux, mais des civils suisses, le crime était inqualifiable et la preuve, c'est que l'album ne trouvait pas de mot pour le qualifier, on disait seulement que toute la Confédération helvétique était derrière ses morts, à commencer par son président qui ouvrait le cortège sur la photo des funérailles.

Mais le châtiment approchait. Une des pages préférées du Changala, c'était l'arrivée, dans la nuit et le brouillard, des plénipotentiaires allemands... Deux voitures fantômes hérissées de drapeaux immenses et blancs comme des suaires. Elles paraissaient venir du royaume des ombres et, à voir l'immense et blême lueur qui flottait derrière elles, on eut dit que les dix millions de victimes des coups de feu de Sarajevo les suivaient...

Ensuite, c'était la joie de Paris et le délire de l'Alsace-Lorraine libérée. Le Changala regrettait d'être arrivé sur terre quelques années trop tard. Il aurait voulu être parmi les enfants alsaciens qui agitaient leurs petits drapeaux sur le passage des vainqueurs.

Les dernières images de l'album rappelaient les premières et le massacre d'Ekaterinbourg faisait écho à l'assassinat de Sarajevo. La fin du tsar et des siens horrifiait et fascinait le Changala. Il faut dire qu'elle était rapportée avec un art digne des meilleures tragédies. La première photo, on ne peut plus attendrissante, montrait la famille impériale assise sur le toit d'une serre, pour y jouir d'un dernier rayon de soleil sibérien. La seconde représentait un barbu : il avait une gueule de tueur et pour cause, c'était Yourowsky, l'assassin du tsar et de son fils. La troisième, saisissante, montrait la chambre où furent massacrés la famille et ses derniers serviteurs. Le sang avait éclaboussé les murs et taché le parquet. Le récit précisait que le tsar était mort sur le coup, que le tsarevitch, qui gémissait faiblement, avait du être achevé d'une autre balle et que les grandes duchesses, qui couraient de part et d'autre, ou qui se protégeaient derrière les coussins, avaient été tuées à coup de baïonnette. Le Changala n'avait pas besoin de photo pour se représenter la fin : des cadavres qu'on dépouille de leurs bijoux, qu'on charge sur un camion, qu'on brûle dans une carrière et dont on jette les cendres dans un puits. Voilà comment la guerre de 14-18 a bercé l'enfance du Changala.

Il y avait tout de même, si dérisoire qu'elle fût, une moralité à ces contes sanglants. Le vieux François-Joseph était enfin descendu chez les morts où devaient l'attendre, sans bienveillance, les milliers de jeunes gens qu'il avait fait massacrer. Le Kaiser déchu et coiffé d'un chapeau tyrolien tournait en rond derrière les murs d'un château hollandais. « Il ressemblait déjà à un gugusse quand il portait le casque à pointe. Avec son feutre à plume, il a l'air d'un con ! » disait papa qui se servait parfois de mots qu'il m'interdisait d'employer.

Lorsque, vers la fin des années 20, le cinéma Lumina afficha « Verdun, vision d'histoire », les adultes et les enfants des écoles accoururent de plusieurs lieues à la ronde au fascinant spectacle. On voyait des hommes plongés dans la boue, marinant dans le jus des cadavres, dévorés par les poux, convoités par les rats, pris sous d'interminables orages de fer et de feu et vivant, ou survivant dans des conditions qui eussent paru le comble de la sauvagerie à des Cro-Magnonnais des années 30 000 avant Jésus-Christ. Ce que le Changala, âme simple, ne comprenait pas très bien, c'est que ces malheureux s'étaient battus de la sorte pour défendre la civilisation.

En revenant du cinéma, papa s'arrêta devant le monument aux morts. Nous comptâmes les enfants qu'Audincourt avait perdus. Il y avait deux cent dix-sept noms gravés sur le marbre, deux cent dix-sept artisans d'une victoire qu'ils n'avaient pas vue. Petite ironie voulue par l'ordre alphabétique : les trois premiers morts pour la France s'appelaient *Allemand*.

Le malheur d'Abélard. Vieil homme cherche jeune fille. Un savant artiste. Les saucisses du matin. De Raspoutine à Poincaré. Le charme du monstre. Les prestiges de l'intelligence. Quand le basset revient tête basse.

A l'école de Lautenbach, cette année-là, le cours élémentaire fut confié à une institutrice. Elle devint cliente de l'auberge, non pour y consommer du vin ou des spiritueux, mais pour y prendre le repas de midi. Elle était jeune et jolie, avec des naïvetés charmantes. L'oncle Nicolas lui aurait volontiers fait la cour, mais la guerre l'avait passablement abîmé et vieilli. Faute de pouvoir convoiter son cœur, il se payait un peu sa tête avec le concours du Changala qui était chargé de lui poser des questions plus ou moins biscornues.

Exemple : « Mademoiselle, l'oncle Nicolas dit qu'il donnerait toutes les années qui lui restent à vivre pour ne pas mourir. Est-ce que c'est un bon calcul ? » Mademoiselle protestait : mourir était notre destin à tous et ce marché ne servirait de rien... Puis elle comprenait et disait : « Oh ! Monsieur Nicolas comment pouvez-vous fausser ainsi l'esprit de cet enfant ! »

Autre question : « Savez-vous ce qu'a dit Mac

Mahon le jour de son enterrement, quand il s'est retrouvé seul au cimetière ? » Non, Mademoiselle ne savait pas. Le Changala, si : « Il a dit : j'y suis, j'y reste ! » Mademoiselle protestait encore : le maréchal avait bien dit ça, mais c'était au siège de Sébastopol.

« Mademoiselle, pourquoi le Kaiser Guillaume II avait-il le bras gauche plus court que le bras droit ? » Mademoiselle ne le savait pas non plus. Le Changala triomphait : « parce que son bras droit était plus long que son bras gauche. »

Le jeu continuait tous les jours : « Mademoiselle, c'est la faute à qui si les Noirs sont devenus cannibales ? » Mademoiselle réfléchissait en vain. « C'est la faute à Rousseau, disait le Changala. Il leur a fait croire que l'homme était bon. »

« Mademoiselle, saviez-vous que Lamartine était une femme ? » Mademoiselle se tournait vers Nicolas : « Qu'est-ce que vous lui avez encore raconté ? » Mais déjà le Changala donnait la réponse : « Si Lamartine avait été un homme, il se serait appelé Lemartin ! »

Il y avait aussi des blagues qui manquaient leur but. « Mademoiselle, vous savez ce qu'a dit André Chénier avant de monter à l'échafaud ? » Bien sûr qu'elle savait, Mademoiselle. André Chénier avait porté la main à son front en disant : « Et pourtant, j'avais quelque chose là ! » Le Changala regardait l'oncle Nicolas pour savoir s'il devait continuer. Nicolas l'encourageait d'un clin d'œil : « Mademoiselle, savez-vous qu'après son malheur, Abélard a dit la même chose ? » Mademoiselle commençait à rougir. Le Changala, pour qui Abélard et son malheur étaient parfaitement inconnus, sentait qu'il ne fallait pas insister mais l'œil de Nicolas disait : « Vas-y ! » Alors il y alla : « Mademoiselle savez-vous où Abélard posait sa main en disant ça ? » Mademoiselle prit la couleur du couchant. « Monsieur Nicolas, comment pouvez-vous ? Vous devriez avoir honte de pervertir votre neveu de la sorte. » Puis elle se tourna vers le Changala : « Et toi ne fais pas l'innocent ! Le complice est aussi coupable que le criminel. » Le Changala restait tout penaud. Il se demandait où cet Abélard avait bien pu mettre sa main pour que son geste fasse sortir Mademoiselle de ses gonds. Mais il n'osa pas poser la question. Quant à Nicolas, il courut au jardin et revint avec sept roses blanches qu'il tendit à l'institutrice : « Mademoiselle, je me suis conduit comme un porc radical-socialiste. Pardonnez-moi ! » Mademoiselle le gracia d'un sourire plein de miséricorde et le Changala continua de se demander ce qu'Abélard avait perdu.

Quand l'incident fut oublié, Nicolas recommença ses plaisanteries : « Mademoiselle, dit-il un jour, j'ai l'intention de publier une annonce dans le journal de Guebwiller. Voudriez-vous la relire et en vérifier l'orthographe ? » Mademoiselle acquiesça et lut : « Quinquagénaire laid, bête, méchant, paresseux, sans fortune et gravement mutilé cherche en vue mariage jeune fille d'excellente famille, jolie, intelligente, douce, travailleuse et dévouée. Une bonne dot serait la bienvenue. Plus de 22 ans s'abstenir. » Mademoiselle, ayant lu, se tourna vers l'annonceur :

« Votre texte est parfait, monsieur Nicolas. Quand aux qualités demandées à le jeune fille, un homme comme vous peut se permettre d'être exigeant... » Que vouliez-vous que dise Nicolas ? Il rit un peu jaune et dorénavant tourna plusieurs fois sa langue dans sa bouche avant de taquiner l'institutrice. Il va sans dire que l'annonce ne parut jamais et que l'oncle demeura sans compagne. Mais il lui vint un compagnon.

Il arriva un premier avril. Mais ce n'était pas un poisson. C'était un chien. Un chien sans race, sans âge, sans identité et probablement sans famille, mais pas sans capacités. Le Changala l'observait depuis un moment, par la fenêtre du café, qui allait et venait sur la place ; il aurait pu lever la patte contre l'église, le monument aux morts, la fontaine ou les tilleuls mais, comme il avait — c'était visible — le sens du respect, il s'était contenté d'arroser la borne kilométrique.

Soudain, voyant le Gusti se diriger vers le bistrot, il lui emboîta le pas et pénétra dans la salle derrière lui. Nicolas qui lisait l'*Action française*, replia son journal et arrondit le sourcil : « Qui est cet individu ? C'est un ami à toi, Gusti ? » Le Gusti protesta : à part quelques mutilés de guerre unijambistes, ses amis marchaient tous sur deux pattes, même quand ils étaient soûls. Mais le quadrupède avait déjà gagné le milieu de la salle. Il aboya trois coups, se dressa sur ses pattes de derrière, décrivit un cercle parfait, esquissa quelques pas de polka, accomplit plusieurs sauts périlleux, exécuta d'autres pirouettes et d'autres

Mes grands-parents maternels et leurs huit enfants, aux alentours de 1900. Manquent au tableau deux garçons et deux filles emportés par les maladies infantiles.

*Mon grand-père paternel entouré de ses trois filles.
Ses cinq fils sont à la guerre.*

Juin 1914 ou la douceur de vivre sous la tonnelle du restaurant Herrgott. Si on est un peu grave c'est que l'orage se prépare et qu'un éclair a zébré le ciel du côté de Sarajevo.

Le cousin Klaiber sur la locomotive du Bollwiller-Lautenbach.

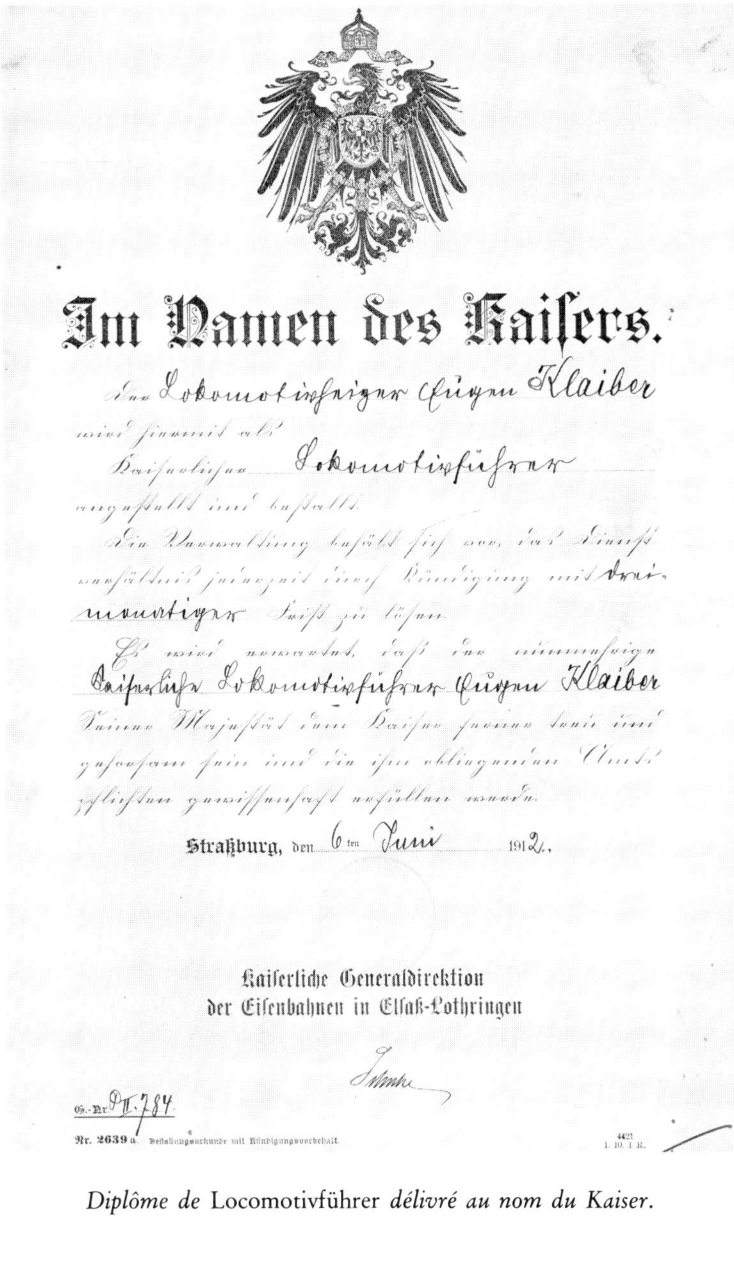

Im Namen des Kaisers.

Der Lokomotivheizer Eugen Klaiber
wird hiermit als
Kaiserlicher Lokomotivführer
angestellt und bestellt.

Die Verwaltung behält sich vor, das Dienstverhältnis jederzeit durch Kündigung mit dreimonatiger Frist zu lösen.

Es wird erwartet, daß der nunmehrige Kaiserliche Lokomotivführer Eugen Klaiber Seiner Majestät dem Kaiser ferner treu und gehorsam sein und die ihm obliegenden Amtspflichten gewissenhaft erfüllen werde.

Straßburg, den 6ten Juni 1912.

Kaiserliche Generaldirektion
der Eisenbahnen in Elsaß-Lothringen

G.-Nr. D II. 784

Nr. 2639 a. Bestallungsurkunde mit Kündigungsvorbehalt.

4421
1. 10. 1 R.

Diplôme de Locomotivführer *délivré au nom du Kaiser.*

L'oncle Fouchs, en uniforme allemand, entre sa femme Nini et sa belle-sœur Babette.

L'oncle Jules, en tenue de poilu, au milieu de ses admiratrices.

L'enlèvement des cloches. L'Allemagne a besoin de canons.

La paix est revenue avec de nouvelles cloches.

Babette et sa cousine Louise, sur les tombes de leurs pères qui sont morts le même jour.

Obus français tombé sur Lautenbach. Erreur de pointage ou tir délibéré ? Toujours est-il qu'il a fait un beau trou.

Babette a vingt-deux ans et c'est l'année de Verdun. Elle ne sourit pas.

La guerre est finie, l'Alsace est à nouveau française et Babette revêt son costume de fête.

Mon père en artilleur (à gauche), corps et moustache au garde-à-vous.

Que serais-je devenu si Babette et Joseph ne s'étaient pas rencontrés ?

Les cousins du Bas-Rhin sont grands buveurs de bière ce qui ne les empêche pas d'aimer aussi le vin.

Papa tenait l'Alsace pour le centre du monde et Lautenbach pour le cœur de l'Alsace. Ma maison natale occupe le milieu du village et la chambre où j'ai vu le jour le milieu de la maison.

Ce « mopperla », c'est moi
(c'est le nom que l'on donne, en dialecte, à ce genre de patapouf).

Si l'on en croit les adultes, l'enfance est un paradis. Hélas ! on ne s'en rend compte que lorsqu'on l'a perdu.

Les adultes disent aussi que la communion solennelle est le plus beau jour de la vie. Dieu merci, j'en ai connu de meilleurs.

Comme je demandais un jour à l'oncle Fouchs qui était le diable, il me répondit : « C'est moi ! » Mais je suppose qu'il voulait plaisanter.

Zum frommen Andenken an

Louis FOUCHS, Revierförster
geb. in Ober-Hambourg (Lothr.)
29. Oktober 1887
gestorben 11. April 1941
im Forsthaus Niederlauchen

Er ging vorüber und tat Gutes, jedermann schätzte die Güte seines Herzens und seine grosse Freundlichkeit. Von allen die ihn kannten, war er geliebt.

Wer im Gedächtnis seiner Lieben lebt
ist ja nicht tot, ist nur fern ;
Tot ist, wer vergessen wird.

Barmherziger Jesu, gib seiner Seele die ewige Ruh. (7 Jahre u. 7 Quadr. Ablass).

IMPRIMÉ EN SUISSE

entrechats et, ramenant la patte avant droite au niveau du torse, annonça par une révérence très grand siècle la fin de la représentation. On comprit alors que ce parfait artiste était un chien savant.

Nicolas, subjugué, demanda s'il pouvait lui offrir quelque chose. L'artiste émit un petit jappement qui indiquait que ça ne se refusait pas. Nicolas dit au Changala : « Vas chercher mes saucisses ! » Il faut savoir que tous les jours, lorsque sonnait la dixième heure, le tonton engloutissait deux saucisses de Strasbourg et un pichet de vin blanc sans qu'on puisse dire si cet intermède servait de complément au repas du matin ou de prologue à celui de midi. Il lui arrivait parfois de me donner un peu de sa collation. Quant à prodiguer une nourriture aussi choisie à un animal, c'était parfaitement inconcevable. Les chiens, de ce temps-là, devaient se contenter des reliefs et des os suçotés par leurs maîtres, aliments dont les qualités gastronomiques dépassaient sans peine celles des tristes mélanges qu'on leur donne à bouffer, de nos jours, dans les spots de la télévision. Mais un artiste de cette classe méritait une récompense exceptionnelle. Aussi Nicolas lui abandonna-t-il une demi-saucisse que le chien dégusta avec une distinction jamais vue chez ses pareils. Après quoi, il se rassit sur son derrière et signifia sa gratitude en portant, de nouveau, la patte à son cœur, ce qui lui valut la saucisse et demie qui restait... Nicolas, le Gusti et le Changala demeuraient sidérés.

L'artiste se tenait en face d'eux, faisant aller de l'un à l'autre un regard où la reconnaissance s'alliait à la sollicitation, le genre : « On est bien chez vous ! Vous n'auriez pas besoin d'un chien savant ? » Nicolas rompit le silence par une question : « Comment t'appelles-tu ? » Ce n'est point qu'il espérât une réponse mais avec un phénomène pareil on ne pouvait s'attendre qu'à de l'inattendu. Comme eût dit Queneau, il ne livra pas son nom en employant la forme pronominale du verbe appeler à la première personne du présent de l'indicatif, mais il émit quelques jappements suffisamment explicites pour qu'on puisse cerner son identité : son nom de chien ou son pseudonyme d'artiste comprenait à coup sûr trois syllabes. Nicolas puisa dans sa culture et essaya sur lui un assortiment aussi varié que possible : Aristote, Artaban, Cupidon, Lucifer, Raspoutine, Poincaré... Chaque nom fut salué par un petit remuement de la queue qui s'arrêtait en général aussitôt, faisant comprendre au tonton qu'il mettait à côté de la cible. Au nom de Raspoutine, la queue frétilla plus franchement. A celui de Poincaré, le visiteur fit carrément le beau. Mais rien ne prouvait que Nicolas avait visé juste. L'artiste pouvait fort bien s'être lassé de l'interrogatoire et avoir usé de cet expédient pour y mettre fin. Le tonton en inféra quand même qu'il portait un nom d'homme politique, ce qui n'était pas rare chez les boucs, les chevaux ou les chiens alsaciens, et, comme il avait répondu sympathiquement à celui du sauveur du franc, Nicolas l'adopta pour continuer la conversation : « Dis moi, Poincaré, on aimerait bien savoir d'où tu viens ? Tu ne te serais pas échappé du cirque Pinder, par hasard ? Il paraît qu'hier soir il était à Mulhouse ? » Cette fois, le chien baissa le regard et l'oreille en poussant des couinements navrés. Il était clair que le cirque Pinder lui disait quelque chose et pas quelque chose de joyeux. A présent que j'écris son histoire, il me fait penser, toutes proportions gardées, à ces artistes des pays totalitaires qui cherchent asile en Occident. Poincaré avait choisi la liberté et demandait la protection de l'oncle Nicolas. « Qu'est-ce que tu crois ? poursuivait le tonton. Que je vais tous les jours te donner mes saucisses ? Et le Waldi, qu'est-ce qu'il va dire lorsqu'il te verra ? A propos, où est-il, celui-là ? »

Le Waldi c'est le chien du café, autrement dit celui de la famille. Un teckel dont le ventre balaie le sol, dont les oreilles ramassent la poussière et dont les pattes déjetées et tordues semblent un défi à la locomotion. Dieu possède, par définition, tous les dons mais on peut dire qu'il n'a jamais autant déployé son sens de l'humour que dans la création de cette sorte de basset. Il s'est même surpassé avec celui du café-restaurant Herrgott.

Le miracle est que ce mal bâti, qui semble fait pour la reptation, devient, quand il s'élance, aussi véloce qu'un lévrier. Prodige non moins surprenant, ce monstre de laideur possède le regard le plus beau, le plus doux, le plus débordant d'amour qu'on puisse imaginer, et vous auriez tort de sourire ou de vous indigner si je vous disais que Saint-François d'Assise devait avoir ces yeux-là. Mais il arrivait aussi qu'on vit s'allumer, tout au fond des prunelles, une lueur de malice, je veux dire d'intelligence suraiguë qui évoquait le regard de Voltaire. Tout ça pour vous dire que, si Poincaré était un chien exceptionnel, notre basset n'était pas mal non plus.

D'ailleurs, Nicolas ne l'avait pas laissé sans instruction. Il lui avait appris à lire et à compter (il aboyait jusqu'à dix). Quand mes petits cousins ou moi le lui demandions, il faisait monter Waldi sur la table, l'installait sur son arrière-train, chaussait son museau d'une paire de lunettes, lui présentait *l'Action française* et l'invitait à lire l'éditorial. Le regard du teckel exprimait une si vive attention que je me demande encore s'il simulait l'intérêt ou s'il lisait pour de bon.

Après quelques instants, Nicolas lui retirait les lunettes et le dialogue s'engageait. Nicolas : « Que pense monsieur Waldi de l'éditorial de monsieur Maurras ? » Waldi : « ouah ! ouah ! » Nicolas : « Au poil ! Monsieur Waldi a dit qu'il était au poil ! » Nicolas reprenait : « Que pense monsieur Waldi de notre décadence ? » Monsieur Waldi poussait un long gémissement. Il était évident que notre décadence le plongeait dans une grande affliction. Nicolas : « Que pense monsieur Waldi de monsieur Herriot ? (ou de monsieur Painlevé ou de monsieur Sarraut) ». Waldi grognait en découvrant les dents. Il était visible qu'il avait un compte à régler avec ce genre de types et qu'il était impatient de leur planter ses crocs dans l'arrière-train. Nicolas : « Qu'éprouve Waldi pour la République ? » Monsieur Waldi sautait à bas de la table, traversait la salle et, levant dédaigneusement la patte, laissait tomber une goutte ou deux dans le crachoir. C'était là des plaisanteries qui sentaient leur intellectuel mais qui, pour être moins spectaculaires que les accrobaties de Poincaré, me divertissaient tout autant.

Nicolas posa de nouveau la question : « Où pouvait-il bien être, ce Waldi ? » Le Gusti le savait. Travaillé par ses glandes, l'intellectuel était derrière la gare, à piétiner depuis l'aurore avec tous les chiens du village, voire avec des clébards venus de Linthal ou de Lautenbach-Zell, devant la maison des Klaiber, dont la chienne, en chaleur depuis la veille, devait être pour eux une véritable cassolette de parfums. Il y avait là des bergers allemands, des dogues de tout poil, des boxers et des bâtards du même calibre qui n'auraient eu qu'à rogner les pattes de notre basset pour en faire une saucisse, mais l'intrépide monsieur Waldi, à qui son physique ne laissait aucune chance, maintenait sa candidature, comptant sans doute sur les prestiges de l'intelligence pour obtenir les faveurs de la tant convoitée. « C'est qu'il est bien capable de les baiser tous en se l'envoyant, dit Nicolas. Mais il faut lui éviter l'humiliation du *pénis captivus.* »

Le Changala suivait la conversation avec un vif intérêt. Sentant que Waldi courait un danger, mais devinant aussi que le risque en valait la peine, il voulait en savoir davantage. Et d'abord, qui était ce *pénis captivus* qui prétendait l'humilier ? Était-ce quelqu'un dans le genre de ces affreux républicains qui travaillaient à la décadence de la France et irritaient si fort Charles Mauras ?

Nicolas fit celui qui n'avait pas entendu. Mais

il grondait entre ses dents, vouant probablement aux affres du *pénis captivus* les accouplements de Marianne avec ce qu'il appelait les maquereaux de la République. Le Changala voulut aller derrière la gare pour ramener Waldi. Nicolas refusa, il préférait récupérer lui-même le cavaleur : « Toi, me dit-il, occupes-toi de Poincaré ! » Inutile de faire un dessin à l'artiste. Comprenant qu'il était adopté, il sauta sur les genoux du Changala et couvrit son visage de coups de langue passionnés. Puis il se remit en piste au milieu de la salle et nous fit admirer de nouveau ses talents d'acrobate.

Il avait regagné mes genoux lorsque Nicolas et Waldi rentrèrent, le premier engueulant le second dont l'oreille était encore plus basse qu'à l'ordinaire : « Le voilà, ce cochon, ce vicelard, cet érotomane... Savez-vous ce qu'il a fait en m'apercevant ? Il s'est caché sous le ventre des autres. Il espérait que je ne le verrais pas... Vous n'avez pas honte, monsieur Waldi ? Un pensionnaire du restaurant Herrgott, un partisan de la monarchie, un lecteur de *l'Action française*, se mêler à la tourbe des fornicateurs pour attendre le bon plaisir d'une traînée ? Vous êtes un chien, monsieur Waldi, vous n'êtes qu'un misérable chien ! »

Monsieur Waldi laissait passer l'orage. S'entendre traiter de chien ne le désobligeait pas outre mesure. Comme on dirait aujourd'hui, il assumait sa canitude. Mais Nicolas poursuivait : « Heureusement, il y a encore des mammifères respectables, des mammifères qui font honneur à leur espèce. Tenez, monsieur Waldi, je vous présente mon ami Poincaré. Il fuit je ne sais quelle oppression et m'a demandé asile et hospitalité. Il faudra que vous partagiez vos pâtées avec lui. »

Voici nos deux chiens... J'allais dire face à face. Mais l'expression ne convient pas car ils se regardent de travers et les grognements qui s'échappent d'entre leurs crocs annoncent plutôt le débat orageux que l'entretien de bonne compagnie. Il me semble entendre le dialogue : « Si tu t'incrustes ici, grand con, je t'arrache les noisettes ! » — « Avec tes cannes de nabot, avorton, comment pourrais-tu les atteindre ? » Du regard et de la voix, Nicolas rétablit le calme. Mais sitôt qu'il se tait, les grognements reprennent. Il lui vient une idée. Il montre le milieu de la salle à Poincaré et dit : « Fais-nous voir tes talents ! » Le cabot gagne la piste, aboie de nouveau les trois coups et nous offre un spectacle encore plus riche que le précédent. J'avais pris Waldi sur mes genoux et, tout en admirant l'artiste, je l'observais du coin de l'œil. Mais ce fut sa queue qui m'alerta la première : elle fut prise d'un frétillement vertigineux tandis que son propriétaire poussait des petits cris d'enthousiasme. De temps en temps il se tournait vers moi et son regard disait : « T'as vu ça ? non mais, t'as vu ça ? » Il faut dire que l'artiste se surpassait, ses pattes touchaient à peine le sol et son corps semblait tournoyer en l'air. A tel point que Waldi, visiblement inquiet, jetait des coups d'œil vers la fenêtre ouverte comme s'il craignait de voir Poincaré s'envoler dans l'azur. Je vous ai parlé tout à l'heure de la beauté de son regard, j'ai même hésité, redoutant le ridicule, à comparer ses yeux aux lacs de la montagne vosgienne, ces lacs profonds et sombres où se reflète la forêt. Eh bien je le dis à présent, les yeux de Waldi étaient comme des lacs et ces lacs étaient remplis d'admiration.

Le numéro terminé, Nicolas, le Gusti et moi nous applaudîmes à faire trembler le lustre de la grande salle. Waldi se précipita vers Poincaré. Ils échangèrent les politesses en usage dans la société canine, je veux dire qu'ils se flairèrent réciproquement le derrière et se frottèrent fraternellement le museau. Ce fut le début d'une inaltérable amitié entre Waldi, Poincaré et le Changala.

Le mystère du corbeau. L'ami des bêtes. Faust et Marguerite. Prière pour une oie ? Sérénade pour une couleuvre. Vade retro.

Le Pierri, mon petit frère, vint bientôt se rallier à la troupe qu'il enrichit d'un nouveau compagnon, en la personne d'un vieux corbeau. Il l'avait ramassé, apparemment sans vie, dans la prairie du *Mattafald*, le croyant abattu par un chasseur. L'ayant examiné et n'ayant pas trouvé trace de blessure, il avait entrepris de le ranimer. Comme il le secouait, l'oiseau ouvrit un œil. Un œil si implorant que l'enfant fut saisi de pitié.

Il prit le corbeau dans ses bras et l'emporta au restaurant où Nicolas, après l'avoir examiné à son tour, émit plusieurs hypothèses sur son étrange état. Ou bien l'oiseau était complètement paf — on était en novembre, c'était le mois où s'activent les distillateurs, et les alambics s'en donnaient à cœur joie dans les buanderies d'alentour. Il se pouvait fort bien qu'un *schnapsbrenner* ait laissé traîner la bouillie résiduelle de sa prestigieuse industrie et que le parfum des quetsches fermentées ait attiré un corbeau porté sur les bonnes choses. Ou bien l'oiseau souffrait d'une dépression causée par quelques graves contrariétés. Nicolas, dont le savoir était grand, apprit au Pierri que les corbeaux vivaient en couple et leurs couples en société. Leur communauté était régie par des lois mystérieuses dont la transgression entraînait le bannissement des coupables. Il se pouvait que l'animal ait offensé la morale des corbeaux et qu'il ait été rejeté par les siens. Il se pouvait aussi que l'oiseau, qui était mâle, se soit retrouvé veuf ou simplement cocu et qu'il n'ait pas supporté la mort ou l'inconduite de sa compagne. Pierri voulut savoir en quoi consistait l'état de cocu. Nicolas faillit lui conseiller d'interroger le cousin Thomas, mais il se retint et dit simplement qu'il comprendrait plus tard.

On ne sut jamais quelle hypothèse était la bonne. Non seulement l'affligé retrouva la joie de vivre, mais il se prit d'une telle passion pour le Pierri, son sauveur, qu'il ne le quitta plus. La famille crut pouvoir expliquer cet attachement par l'intérêt : logé dans la grange, nourri comme Waldi et Poincaré des reliefs du restaurant, l'intéressé, c'était le cas de le dire, se trouvait mieux chez les Herrgott que chez les corbeaux. La vérité était plus simple : le Pierri aimait les animaux. Ses lieux de prédilection étaient les cours de ferme, les écuries, les étables. Il savait parler aux poules, aux canards, aux chevaux, aux vaches, voire aux cochons. Si l'occasion s'était présentée, il aurait entrepris les loups. Un copain comme ça, vous pensez bien que les bêtes le repéraient aussitôt. Ce fut le cas d'une oie que grand-mère avait achetée en prévision de Noël et dont le plumage neigeux offrait un saisissant contraste avec celui du corbeau. Dès qu'elle vit le Pierri, elle courut se réfugier près de lui. Il la prit dans ses bras, lui caressa le cou, lui prodigua des mots tendres et doux, des mots alsaciens qui faisaient une musique rassurante — *naï Maidala, naï Gansala* — que vous pouvez traduire par non, petite fille, non petite oie, Pierri ne te mangera pas et les autres non plus, Pierri cachera les haches et les couteaux.

Il n'eut pas à le faire. Suivant l'exemple du corbeau, l'oie ne quitta plus son protecteur. La coexistence n'alla pas sans difficulté. Le corbeau n'avait que mépris pour la blancheur de l'oie qui paraissait dégoutée par la noirceur du corbeau. Le Pierri entreprit de leur prêcher la fraternité, l'amour du prochain, bref ce que nous appelons à présent le respect de la différence. Il eut voulu les amener à se tendre la patte et à s'embrasser. Mais leurs becs étaient plutôt faits pour les coups que pour les baisers, quant aux pattes, l'oie les avaient palmées et le corbeau griffues... N'importe ! le Pierri insistait. A toute occasion, il prenait les deux volatiles par le cou et leur donnait un bain de tendresse. Leurs rapports devinrent bientôt si amicaux, pour ne pas dire si amoureux, que Nicolas leur attribua des prénoms appropriés. C'est ainsi que le corbeau devint Faust et que l' oie fut appelée Marguerite. Qui plus est, ils se lièrent avec Poincaré et Waldi et formèrent bientôt le plus uni des quartettes. Malheureusement, les talents du chien de cirque leur inspirèrent une émulation quelque peu fâcheuse. Aspirant à être admirés eux aussi, Faust se mit à croasser des hymnes à l'aurore et Marguerite, visitée par la muse de la danse, entreprit de lever la cuisse comme une étoile de french-cancan. Dieu merci, Poincaré, qui était un professionnel et qui n'appréciait guère l'amateurisme, ramena les apprentis au calme.

Cela dit, Marguerite était la plus heureuse des oies et le Pierri, qui voyait approcher Noël, le plus malheureux des copains. Son comportement devint bizarre. Non seulement il avait toujours son chapelet dans sa poche mais il courait à tout propos s'agenouiller dans l'église devant la statue de Sainte-Thérèse de l'Enfant Jésus. Grand-mère finit par remarquer son manège (il se donnait assez de peine pour ça). Elle l'interrogea : qu'est-ce qu'il allait faire dans la maison du Bon Dieu, ce pieux enfant ? Le pieux enfant répondit qu'il allait prier pour Marguerite, qu'il avait fait vœu de réciter quinze Pater et cent cinquante Ave, sans compter les *Gloria Patri*, pour obtenir sa grâce, qu'il avait déjà cinq oraisons dominicales et cinquante salutations angéliques à son crédit et qu'il entendait bien mener l'opération jusqu'au bout. Grand-mère fut attendrie aux larmes, mais un tel déploiement de prières, c'était quand même beaucoup pour une oie ; est-ce que, s'il s'agissait d'elle-même, le Pierri montrerait la même ardeur ? Comment ça, la même ardeur ? Il prierait dix fois, cent fois, mille fois plus... Grand-mère l'arrêta, il n'était pas question qu'on la mange pour Noël mais il valait mieux ne pas s'engager dans un vœu imprudent. Et puisque le Pierri aimait tant Marguerite, on tacherait de l'épargner, seulement il faudrait tuer Daladier, Ludendorff ou Lloyd Georges à la place (ceux-là, c'était des lapins baptisés par l'oncle Nicolas), il fallait bien assurer le repas de Noël...

Le Pierri émit un de ces « pourquoi » dont les enfants assaillent les adultes : pourquoi célèbre-t-on la naissance du petit Jésus en massacrant les oies, les dindes, les coqs, les lapins et tant d'autres bêtes qui ne faisaient aucun mal ?

Grand-mère n'aimait pas ce genre de questions, elle envoya le Pierri vers l'oncle Nicolas, il avait étudié chez les chers Frères de Matzenheim, il lisait un journal qu'il était seul à comprendre, il discutait avec le curé, le maire, l'instituteur, parfois aussi avec le fond de son verre, quand il avait sifflé plusieurs pichets et que Charles Maurras lui apparaissait à travers la dernière goutte de riesling, bref il avait des clartés sur tout et se ferait un plaisir de répondre aux préoccupations du Pierri...

Si on ne tuait que les créatures qui nous font du mal, dit à peu près l'oncle Nicolas, on n'exterminerait pas grand monde. « En vérité, petit, nous tuons les bêtes parce qu'elles nous font du bien. Dieu les a créées pour que nous les mangions, pour que nous les transformions en notre sang, en notre chair et même en notre esprit. Oui, petit, le monde est bien fait. Il n'y a que les communistes, les socialistes et les radicaux-socialistes pour vouloir le changer. Mais Dieu, Maurras et moi, nous ne les laisserons pas faire, Pierri. »

Sentant qu'il fallait approuver, le Pierri prit sa mine la plus convaincue pour faire savoir à l'oncle qu'il partageait ses sentiments. Il était heureux d'avoir sauvé

Marguerite et se résignait sans remords excessif au sacrifice des Daladier et autres Ludendorff. Il faut dire qu'il trouvait la chair de l'oie un peu fade et qu'il adorait le râble de lapin.

La zoophilie du Pierri lui attirait des compagnons inattendus et il y eut beaucoup de cris dans le *Wiwerfolk* (le peuple des femmes) le jour où on le vit entrer à l'église avec un nouvel ami autour du cou. Il faut dire que Nicolas lui avait offert un pipeau et lui avait appris à jouer la vieille chanson du roi Henri, celle que le Misanthrope préférait au ridicule sonnet d'Oronte. Ils avaient donc gravi la colline aux chèvres où, dans un lieu appelé *Neigesetz*, le tonton cultivait des patates.

Le Pierri s'était assis dans la pierraille, il avait embouché son instrument et attaqué « Si le roi m'avait donné Paris sa grande ville » lorsque, vers la fin du second couplet il vit se lever devant lui, déroulant une lente et gracieuse spirale, un reptile de couleur vert olive qui le prenait visiblement pour un charmeur de serpents. « Continue, chuchota Nicolas, c'est une couleuvre d'Esculape, ta chanson l'intéresse, elle doit être des nôtres. » Monarchiste ou pas, la musique devait effectivement la fasciner car, au terme d'une danse de plus en plus rapprochée, l'enveloppante créature se pendit littéralement au cou du musicien.

Ne soyez pas horrifié. Le Pierri n'éprouve aucune répulsion, bien au contraire, il est ravi d'avoir un aussi beau collier. Nicolas est moins emballé, il n'éprouve aucune attirance pour les reptiles mais son goût de la farce et son espièglerie lui soufflent aussitôt le parti qu'il pourra tirer de la situation.

En cette veille de fête (c'est demain l'Assomption) les demoiselles du *Bibalaverein* (de *Bibala* qui veut dire poulette et *Verein* qui veut dire société) donc les demoiselles du club ou de la société des poulettes, jeunes filles pieuses et présumées pucelles, chargées de l'entretien et de la décoration de l'église, doivent être en train de fleurir l'autel de la Vierge. Si on lâche le Pierri au milieu de leur troupe, avec un serpent autour du cou, les poulettes s'affoleront, monteront sur les chaises et les bancs et retrousseront leurs jupons en poussant des cris de souris effarouchées.

Ce fut, à peu de chose près, ce qui se produisit : en voyant apparaître l'enfant au serpent, les poulettes furent saisies d'une indicible horreur, elles grimpèrent sur tout ce qui était surélevé et régalèrent le Pierri d'un concert de cris et Nicolas du spectacle de leurs dessous. Mon petit frère, à qui quelques minutes avaient suffi pour se lier d'amitié avec le reptile, ne comprenait pas qu'il pût inspirer une pareille répulsion. Il essayait de rassurer les poulettes et leur montrait le serpent, comme sa couleur était jolie, comme il avait de beaux yeux... Mais plus il s'approchait, plus elles devenaient folles.

C'est le curé, alerté par leurs cris, qui vint les délivrer. Il marcha vers le Pierri, lui montra la porte de l'église et, d'un froncement de sourcils du genre *vade retro*, fit sortir le serpent et son complice de la maison de Dieu. L'autre compère, je veux dire

Nicolas, avait quitté les lieux dès que la soutane avait surgi.

L'oncle et le neveu se retrouvèrent sur le parvis. Le Pierri voulut se rendre au restaurant pour présenter sa nouvelle relation à sa bande, mais Nicolas jugea préférable de ramener la couleuvre dans la colline... Il expliqua que les serpents avaient mauvaise réputation depuis que le diable s'était glissé dans la peau de l'un d'eux pour abuser Ève et Adam et faire le malheur de leur descendance. Naturellement le Pierri connaissait l'histoire et la trouvait enfantine comme la plupart de celles que racontaient les adultes. Il voulut quand même savoir si le diable existait encore et s'il continuait à se déguiser en serpent. Nicolas répondit qu'il était plus répandu que jamais mais que, ennemi du droit divin et de la monarchie, il se travestissait en orateur républicain.

Les animaux étant généralement bien informés, le bruit courut parmi les chiens, les chats, les hérissons, les oiseaux, les lézards et autres habitants du Florival qu'un philanthrope venu de « l'intérieur » donnait le gîte et parfois le couvert aux animaux nécessiteux, dans les dépendances du restaurant Herrgott. Tout ce qui vivait dans les fossés, les gouttières, les trous de mur des alentours se mit à fréquenter la bande à Poincaré, Waldi, Faust et Marguerite. Certes, il arrivait qu'un chien morde l'oie ou que le corbeau se farcisse une souris mais le regard que le Pierri portait sur le coupable ressemblait tellement à celui que Dieu le Père abaissa sur Caïn après son fratricide que ce genre d'incident demeurait rarissime. Quant à la famille, les innombrables amis du Pierri la laissaient attendrie sauf quand Faust chipait un fromage ou que la vieille Élise trouvait un lézard dans son lit.

Pour en venir à la pénible épreuve du *penis captivus*, le Waldi nous en offrit le peu glorieux spectacle. Les dures paroles que Nicolas avait eues pour lui, lorsqu'il était allé le cueillir dans la file d'attente qui s'était formée autour de la chienne des Klaiber, ne lui avaient fait ni chaud ni froid. Quelques jours plus tard, l'épagneule des Schilling étant entrée en chaleur à son tour, chiens de race et corniauds, tous les privés d'amour, tous les indigents sexuels du Florival se rassemblèrent devant la ferme de la belle. Comment fit ce tordu, ce gringalet de Waldi pour damer le pion aux soupirants les plus forts et les plus distingués ? Allez savoir ! peut-être que l'aplatissement de sa carcasse — il semblait plus que jamais sorti d'un laminoir — lui permit de passer sous la grille... Quant au consentement de la belle épagneule, il faut croire que, chez les chiens aussi, l'intelligence et le charme étaient plus appréciés que la force et la beauté. Toujours est-il qu'une vieille demoiselle qui ne devait pas aimer ces jeux-là, vint prévenir Nicolas que son affreux basset avait, le cochon, fait violence à la chienne des Schilling, la pauvre petite, et qu'ils étaient soudés l'un à l'autre dans la cour de la ferme.

Nicolas ne parut pas s'émouvoir ; lui qui, quelques jours auparavant, avait couvert Waldi de ses sarcasmes, c'était tout juste s'il ne lui décernait pas des éloges, en tout cas il semblait fier de lui, se placer numéro un dans une compétition disputée par des chiens dix fois plus forts que soi, il fallait le faire, tant pis s'il payait sa victoire par un coinçage de bistouquette... Qui savait d'ailleurs si ce n'était pas cette polissonne qui retenait captif le malheureux Waldi ?

Pierri et moi, apprenant que notre ami était prisonnier, notre seule idée fut de le délivrer. Nous voilà donc courant vers la ferme des Schilling, prêts à tout pour ramener le héros... Pauvre héros ! Quand nous le vîmes pris dans ce piège à braves, nous n'en crûmes pas nos yeux. Lui qui ressemblait déjà si peu à un chien, voilà qu'il ne ressemblait même plus à lui-même. Ce regard si bon, si intelligent, si malicieux, qui faisait oublier toutes ses autres disgrâces, ce regard était fixe et perdu comme si l'œuvre de chair avait vidé le malheureux de son âme. (Les bêtes n'ont pas d'âme, direz-vous. Les bêtes peut-être pas, mais le Waldi, si.) Bref, il était visiblement dépassé par les mystères de la procréation.

Nous voulûmes, si on peut dire, le tirer d'affaire mais le garde champêtre nous empêcha d'approcher, ce n'était pas un spectacle pour nous. Nous retournâmes vers l'oncle Nicolas. Pierri lui rapporta ce qu'il avait vu et lui demanda d'intervenir. Nicolas le rassura. Il fallait laisser faire Dame Nature et le Waldi retrouverait sa liberté. Nous ne connaissions pas cette dame mais notre oncle semblait avoir une telle confiance en elle que nous fûmes tout à fait rassurés.

L'oxygène alsacien. Emma la rêveuse.
Au Tigre affamé. La malle mystérieuse.
La jambe de Sarah. Douce et peu sainte nuit.
Le caleçon cramoisi.

A Guebwiller, il y avait un hôpital pour enfants : le Kinderheil. Maman y fut admise le jour de ses trente-trois ans. A dire le vrai son cas ne dépendait pas de la pédiatrie. Il relevait du mystère. C'est papa qui, voyant ses cheveux blanchir, son teint s'anémier, son poids décroître et son organisme contracter une maladie après l'autre, conçut des inquiétudes sur sa santé. Il s'en ouvrit au docteur Kleinhans qui la mit en observation et trouva rapidement la clé de l'énigme. Un jour où nous rendions visite à la malade je surpris une conversation entre mon père et lui : « Je sais ce dont manque votre femme, dit l'homme en blanc. Elle manque d'oxygène alsacien. »

Une gravure de mon livre d'histoire naturelle me vint aussitôt à l'esprit : elle illustrait une leçon sur la respiration et représentait une souris, les quatre pattes en l'air, sous une cloche à fromage. Lorsqu'une souris est privée d'oxygène, disait la légende, elle meurt asphyxiée.

Une énorme angoisse m'envahit. Je suppliai papa d'acheter tout l'oxygène disponible en Alsace pour éviter à maman le sort de la souris. D'abord il éclata de rire puis, voyant à quel point sa gaieté me consternait, il devint aussi triste que moi et m'expliqua ce dont souffrait maman et comment on pouvait la guérir. Son mal était la nostalgie et le remède le retour à Lautenbach. Le Changala fit un tel saut de joie qu'il faillit traverser le plafond. On allait donc s'établir au restaurant Herrgott ! Il voyait déjà la famille au travail, papa debout derrière le comptoir, maman dirigeant la cuisine, le Pierri faisant la vaisselle et lui-même encaissant le prix des consommations.

Papa le dégrisa. Le café-restaurant était gouverné par grand-mère et l'oncle Nicolas. Quant à lui, s'il voulait s'installer à Lautenbach, il lui faudrait un poste à sa mesure, ce qui n'était pas facile à trouver. Pour exercer son métier, un bûcheron n'avait besoin que de sa hache, un cordonnier de son échope, un rémouleur de sa meule... Un directeur comme lui avait besoin d'une usine, or papa s'était un peu renseigné, le Florival manquait davantage d'usines que de candidats directeurs.

Que faire alors ? Papa eut l'idée de soulager sa femme en lui procurant une aide et une compagne. Au Kinderheil, maman avait sympathisé avec ce qu'on appelait alors une fille de salle, une jeune Alsacienne qui ne se sentait pas faite pour laver les malades, vider les pots ou changer la sciure des crachoirs. Elle avait une vingtaine d'années et s'appelait Emma.

« Emma, lui dit papa, vous plairait-il de venir à

Audincourt avec nous ? Vous aideriez ma femme et vous vous occuperiez des enfants. Vous seriez payée très convenablement et considérée comme faisant partie de la famille. » Il s'agissait, comme on le voit, d'un emploi de boniche mais le visage d'Emma s'illumina comme si le fils Rothschild la demandait en mariage. Elle voulut savoir si Audincourt possédait un cinéma. Papa lui répondit que la ville en avait deux. Elle parut comblée et visiblement impatiente de faire ses valises. Mais comme papa lui offrait la poignée de main qui devait sceller l'accord, elle sembla se raviser : « Pour être franche, dit-elle, je ne pourrai vous donner qu'une année. Je suis attendue à Hollywood. »

Papa tomba des nues. Elle était folle ou quoi ? Maman, à qui Emma avait fait des confidences, le rassura. La jeune fille attendait sa majorité pour rejoindre sa marraine qui était la cuisinière et l'amie de Mary Pickford.

Elle était mignonne, Emma. Des yeux noisette, de beaux cheveux châtains, un fin minois et des petits seins délicieusement ronds qui vous donnaient envie de redevenir nourrisson. A Audincourt, c'est moi qui devins son confident. Je partageais ses rêves en l'aidant à trier des lentilles ou écosser des haricots. Son sujet de prédilection était le *hungritigère*, un restaurant de Los Angeles dont l'enseigne représentait un tigre affamé et que je sus plus tard, être *the hungry Tiger.* Comme son nom l'indiquait, l'établissement était voué à la satisfaction des appétits grandioses. Il était tenu par un Alsacien natif, comme

Emma, de Guebwiller et qui avait fait ses premières armes sous la houlette, ou pour mieux dire sous la cuillère à pot, des plus grands cuisiniers du Haut-Rhin. Après quoi il était entré au service de la *White Star Line* et avait conquis une renommée mondiale devant les fourneaux du Titanic. Il avait échappé au naufrage du luxueux steamer en se faisant enlever, quelques semaines avant la catastrophe, par une milliardaire texane qu'Emma disait amoureuse de ses sauces et qui, probablement, était également folle de ses étreintes. Il avait enfin réussi à s'arracher aux tentacules de sa ravisseuse pour prendre le gouvernement du *Tigre affamé* où il s'était acquis la reconnaissance et l'amitié des plus fines gueules de Hollywood.

Émerveillé par son talent, le couple Douglas Fairbanks-Mary Pickford avait tenté de l'engager pour en faire son cuisinier personnel. Douglas lui avait offert un pont d'or et Mary avait essayé sur lui seul le regard qui fascinait l'univers. Mais le célèbre chef avait décliné l'honneur qui lui était fait. Pourquoi n'eût-il régalé que deux étoiles quand il pouvait faire le bonheur de toutes les constellations de Hollywood ? Mais pour réconforter le couple, il lui parla d'une collègue alsacienne dont le coq au riesling avait épaté le maréchal Joffre, guerrier peut combatif mais fort vaillante fourchette. Elle exerçait son art dans une auberge du Haut-Rhin mais, comme son mari venait d'être emporté par une cirrhose et qu'elle n'était pas femme à s'ensevelir dans son chagrin, le grand chef du *Hungry Tiger* se faisait fort de l'attirer sous le ciel californien. Douglas et Mary applaudirent à la suggestion et crièrent de nouveau bravo lorsque, trois mois plus tard, Éva Lutz, la marraine d'Emma, leur mit sous les narines le coq dont le grisant fumet avait réjoui le vainqueur de la Marne.

La star d'Hollywood se toqua de la cuisinière alsacienne et lui abandonna royalement les toilettes dont elle était lasse et les sous-vêtements qu'elle ne portait plus. Malheureusement, les formes d'Eva étaient plus généreuses que les largesses de Mary. Impossible, par exemple, de faire entrer les brioches de celle-là dans la culotte délaissée par celle-ci. Alors la bonne marraine se souvint de sa filleule et lui envoya un premier lot de sous-vêtements. Leur style évoquant davantage la cocotte que la dame patronnesse, le père d'Emma faillit les jeter au feu. Mais sa mère, qui eut aimé les essayer elle aussi, mais qui s'y fut logée plus difficilement encore que la ronde Eva, s'y opposa. Si les culottes n'étaient pas adaptées aux corps, au moins feraient-elles rêver les âmes...

Les lettres de la filleule débordant de gratitude, la marraine renouvela ses envois. Emma s'étant enhardie à demander un souvenir de Douglas Fairbanks, Eva lui avait fait parvenir des foulards, des cravates, des pochettes auxquels elle avait ajouté, par plaisanterie sans doute, un caleçon de couleur écarlate, dont elle laissait entendre que le grand acteur l'avait porté dans *Le retour de Zorro*.

A présent, vous ne serez pas surpris si je vous dis qu'il y avait, dans la chambre d'Emma, une malle volumineuse verrouillée par deux solides cadenas et parée d'une grande étiquette rouge portant la mention : Los Angeles, U.S.A. Papa l'appelait tantôt la malle du Far West, tantôt la malle mystérieuse ou la malle aux trésors. Parfois il lui donnait des noms parfaitement incompréhensibles comme la boîte de Pandore ou le reliquaire de Sarah Bernhardt. Que renfermait-elle ? Quand on l'interrogeait, Emma répondait par un sourire de sphinx, si bien que nous nous perdions en conjectures sur son contenu. Un jour, j'entendis papa dire : « Il doit y avoir tout un cinéma là-dedans ! » Cela m'ouvrit des horizons. Pour le Changala, rien n'était plus magique, ni par conséquent plus réel que le cinéma. Les personnages qu'on voyait défiler sur l'écran lui semblaient aussi vrais que ceux qu'on rencontrait dans la rue, et la preuve c'est que, lorsque l'un d'eux se noyait ou se trouvait cerné par les flammes, il s'arrachait à son fauteuil, qui n'était d'ailleurs qu'un petit bout de banquette, pour tenter de sauver le malheureux. Il croyait pareillement aux contes, ne doutant pas un instant que le Petit Poucet pût couvrir vingt-huit kilomètres en une seule enjambée, l'ogre du Chat botté se changer en souris et les souris de Cendrillon en chevaux de carrosse. Ainsi, la malle d'Emma devait-elle se prêter à toutes les métamorphoses, le Changala l'imaginait pleine de diligences, de bisons, de chevaux, de cow-boys, de Sioux et de danseuses de saloon.

La boîte de Pandore, en revanche, ce devait être une blague de papa ; qu'est-ce que des pandores, autrement dit des gendarmes français, seraient venus faire dans une malle américaine ? Quant au reliquaire de Sarah Bernhardt, c'était encore une invention de papa et le Changala n'y croyait pas non plus. Sarah Bernhardt était le fils de Napoléon (au théâtre, bien sûr) mais, bien qu'elle n'eût point fait la guerre, on avait dû lui couper la jambe et les Américains avaient offert une somme gastronomique (comme disait, en plaisantant, papa) pour avoir le morceau et le montrer dans les musées ou dans les foires. Sarah avait refusé, sa jambe était française, en France elle resterait. Or, la relique avait disparu quand même et dans le scénario imaginé par papa, Douglas Fairbanks et Mary Pyckford, qui avaient beaucoup admiré Sarah Bernhardt dans le rôle du fils de Napoléon, avaient engagé le célèbre Sherlock Holmes pour la retrouver. Il va sans dire que le grand détective avait mis la main dessus, sans quoi il n'eut pas été Sherlock Holmes. Toujours selon l'hypothèse de papa, il se servait d'Emma pour blouser les douaniers et faire entrer clandestinement la jambe aux États-Unis. C'est pourquoi la jeune femme prenait tant soin de la malle et se préparait à l'emmener à Hollywood.

Comme papa racontait cette histoire à tout propos, elle avait fini par prendre corps. Elle devenait même d'autant plus plausible qu'Emma entrait dans le jeu en jurant ses grands dieux que sa malle ne contenait pas le moindre morceau de Sarah Bernhardt. « Alors, montrez-nous ce qu'elle renferme ! » insistait mon père. Emma devenait cramoisie et je commençais à me poser des questions lorsque, par une belle nuit d'hiver, j'eus l'explication du mystère.

Mes parents avaient emmené le Pierri à Mulhouse pour qu'on lui coupe des choses à lui aussi — mais pas la jambe, les amygdales qui lui bouchaient la gorge et qui l'empêchaient de respirer. Le Pierri s'était d'ailleurs assez mal conduit. Il avait traité les religieuses de la clinique de *Saukue* et le chirurgien de *Sauhund.* La première injure associait le porc et la vache, la seconde le porc et le chien. Les bonnes sœurs n'avaient guère apprécié son éducation mais l'homme en blanc avait admiré qu'un enfant de cet âge maniât si parfaitement l'alsacien.

Donc j'étais seul à Audincourt, seul avec Emma. Il faisait un froid de loup, le Doubs était figé par le gel et on patinait sur le canal du Rhône au Rhin. Emma avait fait du feu dans sa chambre et pour s'éviter d'en faire dans la mienne elle m'avait dit : « Nous devrions coucher ensemble, on se tiendrait plus chaud ! » Il me manquait quelques années pour apprécier, comme elle le méritait, la délicieuse invitation. Mais elle me plongea dans le ravissement quand même et mon cœur se mit à battre avec violence quand Emma m'annonça qu'elle ouvrirait sa malle. Le feu ronflait de toute son âme et le poële, à travers sa lucarne de mica, jetait des lueurs rouges dans la pièce.

« A présent, dit Emma, tu vas te coller au mur et compter jusqu'à vingt. Pendant ce temps-là... » Pendant ce temps-là, elle prendra les clés là où elle les cache et ouvrira les cadenas... Tandis que je compte, elle fredonne : *Froufrou, froufrou, par son jupon la femme, froufrou, froufrou, de l'homme trouble l'âme.*

Si c'est à moi que ça s'applique, l'homme et l'âme sont un peu jeunets, mais ça ne les empêche pas d'être troublés tous les deux.

A vingt, je me retourne : la malle est ouverte. « Regarde ! dit-elle », comme si elle me montrait les trésors d'Ali Baba. J'avais beau savoir que papa plaisantait, je suis d'abord délivré d'une légère angoisse : la jambe de Sarah Bernhardt n'est pas là. Mais il semble bien que les merveilles attendues n'y soient pas non plus. Je ne vois d'abord qu'un nuage de lingerie, de dentelles, de fanfreluches et autres falbalas, ça ne m'émeut guère, ça manque d'âme, ou plutôt de corps, je veux dire de formes et de vie. Mais voici qu'Emma m'enjoint à nouveau de me tourner vers le mur. Elle refredonne *Froufrou*, et c'est encore de circonstance car j'entends le froissement des vêtements qu'on enlève et qui tombent, elle est en train de se déshabiller. Voilà qui m'intéresse davantage, voilà même qui me passionne, d'autant plus qu'elle interrompt sa chanson à tout bout de rime pour me dire : « Surtout ne te retournes pas ! »

Je me retournai donc et comme elle était nue, elle poussa des petits cris, cacha ses seins derrière ses menottes et les découvrit aussitôt pour dissimuler l'autre trésor, mais trop tard, j'avais entrevu le petit triangle de gazon châtain et vous pensez bien qu'en écrivant ces lignes, je le vois encore…

« Si tu te retournes encore une fois, je t'emmènerai dans ta chambre et t'y laisserai sans bouillotte et sans feu », reprit Emma. Pour ce qui était de la bouillotte et du feu, la menace ne m'impressionnait guère, seule la privation d'Emma me parut insupportable. Je jurai donc sur la tête du Pierri, que devait attaquer le scalpel du chirurgien, que je resterais contre le mur, serment d'autant plus agréable à tenir qu'un jeu de glaces dont Emma ne s'était pas avisée, me permettait d'assister plus ou moins au spectacle.

Ainsi la vis-je passer une chemisette, se glisser dans un corset moulant, veiller à ce qu'il fasse bien pigeonner la gorge, enfiler une culotte à festons, assaisonner le tout de mousseline transparente et parachever la merveille par d'émouvants bas noirs, retenus par des porte-jarretières plus noirs encore, quoique fleuris de petites roses de satin rouge, tout ce que le goût américain avait imaginé de plus polisson.

Quand le Changala eut ainsi tout vu, Emma lui dit : « Maintenant tu peux regarder ! » Il se retourna et ce que ses yeux avaient picoré çà et là, ils se mirent à le dévorer. Il découvrit ainsi que les morceaux les plus appétissants étaient les plus nus : les épaules, la naissance de la gorge et ces petites plages de chair qui s'étendaient entre les jarretières et les bas.

Un long moment, il resta bouche ouverte. Il était fasciné, comme au cirque. C'est alors qu'Emma entreprit de danser. Tout se mit à onduler en elle, les mains, les bras, les épaules, les seins, le ventre et, quand elle se retournait, le derrière qui était le plus joli manège de la fête. De voir toute cette chair, tout ce linge, toute cette féminité à deux pas de lui, le Changala sentit des papillons trembler au bout de ses doigts. Des papillons qui avaient une envie irrésistible de se poser sur Emma.

La Pavlova dut s'en rendre compte car elle dit : « Tu veux danser avec moi ? Tu veux être mon petit cavalier ? » Le Changala le voulait tellement qu'il en avala sa langue et dut répondre par un hochement de tête. « Bien, conclut Emma tu vas t'incliner devant moi et dire : "Madame Mary Pickford, voulez-vous m'accorder cette danse ?" » De plus en plus troublé, le Changala répéta : « Madame Marie Piquefort, voulez-vous danser sur ma corde ? » Mary se fâcha : « Tu es trop bête ! » dit-elle. Comme il se prétendait intelligent, il détestait qu'on le traitât de la sorte et il fut violemment tenté de retourner le compliment enrichi de quelques injures bien choisies, mais il avait si grande envie d'empoigner la belle qu'il reformula correctement sa demande. Mary Pickford lui ouvrit les bras. Il enfouit son visage entre les seins de la belle, accrocha les mains à ses reins et se mit à tournoyer avec elle en se grisant de blancheur, de douceur, de rondeurs et de féminine odeur. Car on n'avait pas encore inventé les déodorants et les femmes de ce temps-là dégageaient des parfums délicieux.

Quand ils eurent bien dansé, Emma voulut changer d'atours. Explorant à nouveau la malle, elle en ressortit des toilettes aux couleurs assassines. Non seulement elle les revêtit et les enleva devant le Changala, mais le petit cavalier fut invité à lacer des dizaines de lacets et à boutonner des centaines de boutons. Pour finir, elle s'enveloppa dans une chemise de nuit transparente à travers laquelle le Changala retrouva, magnifiée par le voile, la nudité qui l'avait ébloui.

Puis elle retira de la malle le caleçon écarlate que Douglas Fairbanks avait, disait-elle, porté dans *Le Retour de Zorro.* Elle le contempla rêveusement et dit au Changala : « Tu vas l'essayer ! » Estimant qu'il faudrait au moins trois derrières comme le sien pour donner une consistance honorable au caleçon du héros, le petit cavalier refusa d'affronter le ridicule. Mais Emma entreprenait déjà de le dévêtir et sa main, tout en le dépouillant de ses vêtements, l'habillait de si agréables caresses que bien loin d'opposer de la résistance, le Changala opta pour la collaboration.

Lorsqu'elle l'eut enseveli dans le grand caleçon rouge, elle lui désigna le lit. Il se glissa sous la couverture tandis qu'elle le rejoignait dans sa chemise de mousseline. Puis elle le prit dans ses bras, l'appela son grand Douglas et lui demanda s'il aimait sa petite Mary. Le « oui » du grand Douglas manqua de conviction. Il eut voulu trouver des mots brûlants, des aveux enflammés. Mais il y avait autant de flottement dans sa petite tête que dans son gigantesque caleçon... Et puis figurez-vous que tous les soirs, avant de se mettre au lit, il avait la sage habitude de vider sa vessie... Les folies d'Emma lui ayant fait oublier cette précaution, voici que la nature se rappelait à lui et qu'un commando de crabes lui pinçaient le bas-ventre... Tant pis pour le joli jeu ! Lorsque Mary Pickford, de plus en plus agitée, supplia de nouveau le grand Douglas de lui avouer qu'il l'aimait, le Changala la ramena sur terre en disant : « Emma, j'ai envie de faire pipi ! » Le pot de chambre avait beau rendre un son mélodieux, il eût été difficile de prendre l'épanchement qui suivit pour le chant d'une cascade.

L'enchantement fut rompu, la nuit de noces tourna court et quand le Changala, soulagé, voulut envoyer ses mains reconnaître les rondeurs qui l'avaient tant ému, Emma, dégrisée, lui tapa sur les doigts, le traita de petit vicieux et menaça de dire à sa maman qu'il avait essayé de lui peloter les fesses. Il n'en crut pas ses oreilles, comprit instinctivement qu'il se trouvait en présence de ce que son papa et ses oncles appelaient la duplicité des femmes et contre-attaqua sur-le-champ. D'une détente vengeresse, il envoya son genou dans le ventre de la perfide, la traita de sale vache et lui fit savoir qu'il révélerait à tout le monde le contenu de la malle. Elle le pinça cruellement, il tenta de lui arracher une oreille, il y eut des couinements de part et d'autre et on s'acheminait vers un conflit sanglant lorsque les belligérants comprirent presque en même temps qu'ils n'avaient pas intérêt à poursuivre les hostilités.

Emma prit le Changala dans ses bras et lui demanda pardon. Le Changala passa l'éponge et se blottit contre elle. Ils se câlinèrent durant quelques minutes et s'endormirent comme des enfants, elle parce qu'elle l'était encore un peu, lui quoiqu'il ne le fût plus guère. Les lecteurs qui me tiennent pour un vieux polisson me soupçonneront peut-être d'avoir aseptisé cette histoire. Ils croiront ce qu'ils voudront.

Toujours est-il que ce court moment durant lequel Emma et moi nous avons été Mary Pickford et Douglas Fairbanks est l'un de mes plus doux souvenirs. (Ce souvenir, peut-être existe-t-il encore, à Los Angeles ou dans ses gigantesques alentours, une jeune septuagénaire qui conserve dans une malle des années 20, les culottes et le caleçon écarlate qui pourraient l'authentifier.)

Quelques mois plus tard, en effet, Emma partait à la conquête de l'Ouest. Papa l'avait conduite à la gare de Belfort où son père et sa mère étaient venus mouiller leurs mouchoirs. La famille se divertit longtemps de la lettre qu'elle envoya de Californie. Elle y faisait le récit de son voyage avec un sens très alsacien de la hiérarchie de l'information. Dans le Belfort-Paris, un voyageur suisse lui avait offert de la viande des Grisons. Au buffet de la gare Saint-Lazare, un éleveur normand la régala d'un haricot de mouton. Dans le Paris-Le Havre, un armateur l'invita au wagon-restaurant où la chance voulut qu'il y eût du foie gras de Strasbourg au menu. Suivait un rapport détaillé sur les amis et les plats qui avaient égayé la traversée de l'océan Atlantique, lequel contenait beaucoup trop d'eau pour son goût. Dans le train de Los Angeles, où personne ne parlait le français, les messieurs avaient rivalisé d'empressement et les côtes de bœuf étaient si énormes qu'elles débordaient les gigantesques assiettes dans lesquelles on les servait. La fin de la lettre était presque entièrement consacrée au repas alsacien qu'Eva Lutz avait préparé pour sa filleule. A peu près rien sur Mary Pickford sinon qu'elle ne savait pas un mot de français. Douglas Fairbanks était pareillement ignare mais beaucoup moins distant. Quand il rencontrait Emma dans l'un des innombrables détours de la villa, il lui tapotait amicalement le derrière en disant : «*french bum are beautiful*». Là, je ne vous parle plus de la lettre, je vous parle de l'interprétation que mon père en donnait quand il la commentait entre amis. Il faut dire qu'il n'était pas peu fier d'avoir cédé sa bonne au couple hollywoodien. Il laissait même vaguement entendre qu'Emma devait son prestigieux emploi aux certificats que lui avait délivrés le directeur des Établissements Jenny.

Comme le Changala avait fait plusieurs fois le tour du monde, notamment avec Jules Verne et Arnould Galopin, il avait acquis quelques rudiments d'anglais, il savait que *french* voulait dire français et *beautiful* magnifique. Quant au mot *bum* il ne l'avait jamais rencontré mais rien qu'à voir la petite flamme qu'il allumait dans le regard des adultes et le sourire qu'il amenait sur leur bouche, on devinait qu'il n'était pas sortable, ce qui incita le Changala à le faire sortir en demandant à son papa ce qu'était un *bum* français, pourquoi c'était si magnifique et comment il fallait s'y prendre pour s'en procurer un. Papa, visiblement gêné, lui répondit de ne pas se mêler de ces choses-là. Le Changala baissa l'oreille et rentra dans ses souvenirs. Il revit la nuit d'hiver où Emma avait dansé pour lui et se surprit à murmurer : *french bum are beautiful.* Autrement dit, il avait compris.

Changement de décor. Le miracle des lions.
La chaise ardente. Le bourreau hésitant.
Le bain de feu. Le breuvage écœurant.
Le remède délicieux. La méchante bonne.

Maman continuant à s'étioler et papa prenant goût aux bonnes — attention, ne me faites pas dire des choses abominables, papa était un homme vertueux et un catholique exemplaire, je ne lui ai pas connu de péchés sinon un brin d'orgueil (il était fier de ses fils), quelques éclats de colère (contre les politiciens et les ennemis de la France ou de la religion) et pas mal de gourmandise (mais en Alsace, c'est quasiment une vertu) — quand je dis qu'il prenait goût aux bonnes, j'entends par là qu'il lui était agréable de voir sa femme servie, ses enfants soignés, sa maison bien tenue et sa personne honorée. Il fallait donc remplacer Emma. Il s'adressa à un ami, curé dans le Haut-Rhin, qui lui recommanda une veuve de guerre, la trentaine environ, personne dont la foi, la piété et le dévouement ne pouvaient qu'enrichir un foyer chrétien. Seul problème, mais sans importance, elle s'appelait, comme l'autre, Emma, ce qui donnait un petit côté Louis XV-Louis XVI ou Pie X-Pie XI à la succession. On l'appela donc Emma II.

Son regard était bon, son visage un tantinet ingrat

et sa silhouette sensiblement moins généreuse que les formes de celle qui l'avait précédée. Quant à sa malle, vous y auriez difficilement trouvé une culotte de dentelle ou un caleçon cramoisi. Dès son arrivée, elle en avait retiré des gravures de l'Imagerie Pellerin, sobrement encadrées, dont elle avait couvert les murs de sa chambre. Elles illustraient, en plusieurs panneaux, les supplices de ses martyres favorites.

Quoique les femmes lui parussent plutôt faites pour les plaisirs que pour les tortures, le Changala se familiarisa très vite avec l'univers d'Emma. Son supplice préféré était celui de Sainte-Blandine. La première scène la représentait debout dans l'arène, couvant d'un regard attendri les lions chargés de la dévorer. Que les fauves se fussent couchés aux pieds de la sainte n'étonnait point le Changala, ce devait être des lions suisses, comme ceux du zoo de Bâle, il les avait vus plusieurs fois, ou bien ils dormaient ou bien ils étaient complètement avachis. La seconde scène était beaucoup plus troublante : la sainte était assise sur une chaise chauffée au rouge et souriait avec suavité. Quand il regardait cette image, le Changala envoyait instinctivement ses mains protéger ses fesses, il lui semblait qu'elles se couvraient de cloques et de boursouflures, il ne comprenait pas qu'un derrière, qui était fait de la chair la plus tendre et couvert de la peau la plus douce, pût être si insensible au feu... Il s'était lontemps demandé si Sainte-Blandine n'avait pas employé une astuce, par exemple en cachant des linges mouillés sous sa tunique... Quand il avait soumis cette hypothèse à

Emma II, elle s'était indignée, les saintes martyres n'usaient point de pareils subterfuges, il suffisait qu'elles fassent confiance à Dieu et Dieu s'interposait entre elles et leurs bourreaux. Le Changala n'avait pas insisté.

Il lui semblait pourtant que quelque chose clochait dans le raisonnement d'Emma II, je veux dire dans le fait que Dieu ne soit pas intervenu dans l'épisode suivant, quand les persécuteurs de Blandine, écœurés par l'apathie des lions et le fiasco du supplice de la chaise, avaient lancé un taureau dans l'arène. Si la pieuse Emma II disait vrai, l'Éternel aurait dû se mettre entre les nénés de la sainte et les cornes de l'animal... Mais ce taureau-là devait être un taureau alsacien et les taureaux alsaciens n'étaient pas des lions suisses, pas des fauves avachis. Le Changala en savait quelque chose ; un jour qu'il se promenait dans le Florival avec son père, comme il avait franchi une clôture pour aller cueillir des marguerites dans un pré, il avait vu deux naseaux fumants et une demi-tonne de viande superbement encornée foncer en direction de son tricot rouge, papa avait tout juste eu le temps d'envoyer son bras par-dessus la barrière et de saisir son héritier par la peau du cou. « Une seconde de plus, avait-il dit, et je ne rapportais qu'un peu de chair à saucisse à ta maman ! » Depuis cet incident, le Changala comprenait pourquoi Dieu ne s'était pas mis devant la sainte quand le taureau avait déboulé dans l'arène. D'ailleurs, s'il avait renouvelé le miracle des lions et de la chaise ardente, comment Blandine serait-elle devenue une martyre ?

Les supplices représentés sur les autres gravures n'étaient pas moins intéressants, par exemple celui de Sainte-Cécile que les païens avaient d'abord enfermée dans une étuve où ils pensaient la cuire comme un poulet dans un four. Mais là encore Dieu était intervenu et la sainte était sortie de la chaudière aussi fraîche qu'une ondine émergeant du lac de la Lauch. Il avait fallu lui couper la tête mais, comme le bourreau avait un peu perdu la sienne devant la grâce de la victime, il avait dû s'y reprendre à quatre fois, fraternellement encouragé par Cécile qui le réconfortait entre les coups.

Jeanne d'Arc aussi fascinait le Changala. D'abord parce qu'elle avait sauvé la France, ensuite parce que son supplice était l'un des plus spectaculaires, enfin parce qu'on entrevoyait les rondeurs de sa poitrine à travers les flammes du bûcher.

Une autre gravure piquait ma curiosité. Elle n'était pas d'Épinal, elle venait de Nuremberg et représentait la Mort. On y voyait la gueuse, toute en os et en trous, courir de palais en chaumière, la faux sur l'omoplate, à la poursuite des rois et des bûcherons, des reines et des bergères, des vieillards et des enfants. A la voir comme ça, elle ne faisait aucune différence entre ses clients mais le Changala avait entendu dire — par l'oncle Fouchs, évidemment — qu'elle attrapait plus facilement les faibles et les pauvres que les puissants et les riches, d'abord parce qu'ils étaient plus nombreux, ensuite parce qu'ils couraient moins vite ; pendant la guerre, par exemple, elle avait fauché les troupiers par millions et n'avait frappé qu'un nombre infime de généraux, encore avait-elle attendu qu'ils se soient mis au lit. Elle avait redoublé d'ardeur à l'égard des Alsaciens, allant les chercher tantôt dans les troupes du Kaiser, tantôt dans les armées de la République.

Quant à la famille, la mort n'avait pas attendu les grandes hécatombes pour éclaircir ses rangs, le Changala en savait quelque chose, qu'on arrachait tous les soirs à ses jeux pour l'affecter au soulagement des défunts, autrement dit des âmes du purgatoire. Plongés dans les flammes purificatrices, les pauvres âmes ne pouvaient se dégager du bain de feu qu'avec le secours des vivants. Dans la théologie de papa, d'Emma II et des croyants de ce temps-là, chaque prière récitée pour eux, chaque messe dite à leur intention les faisaient émerger d'une fraction de millimètre. Ceux que les leurs oubliaient restaient enfoncés jusqu'au cou dans le brasier. Ceux dont on s'occupait ferme finissaient par ne plus avoir qu'une ou deux braises entre les doigts de pied.

Voilà pourquoi, chaque soir, à l'heure du coucher, la famille, c'est-à-dire papa, maman, le Pierri, Emma II et le Changala se rassemblaient dans la chambre des parents et s'agenouillaient devant la Vierge au petit pot, une très belle reproduction de la Nativité de Grunewald que le Changala appelait ainsi en raison du petit pot de chambre qui montait la garde auprès du berceau de l'Enfant Jésus. Un vase ordinaire se serait caché, mais celui-là ne rougissait pas de sa condition, il était visiblement très fier d'être là, il se pavanait, il mettait la note humaine dans la divine ambiance.

Avant d'attaquer le chapelet, papa faisait l'appel des morts : « Prions pour nos pauvres âmes et particulièrement pour le grand-père Édouard, le grand-père Jean-Baptiste, la grand-mère Marie... » Suivait la longue litanie des oncles, des tantes, des cousins, des amis, on y ajoutait les défunts de la semaine, ceux dont la mort nous avait fait mal, le petit Grillot, écrasé par le tramway, le petit Droz enseveli sous un éboulement, le pianiste de l'Eden Cinéma, qui était Polonais et tuberculeux comme beaucoup de pianistes et beaucoup de Polonais et que la maladie avait emporté à trente ans.

Quand il était seul avec Emma II, par exemple quand son père et le Pierri allaient passer le oui-quende, comme on ne disait pas encore, à Plombières où maman prenait les eaux, le Changala essayait de couper au sauvetage des âmes du purgatoire. Depuis le temps qu'on leur prodiguait les messes et les oraisons, les défunts de la tribu ne devaient plus se consumer dans les flammes. Emma II en convenait. Elle se disait même assurée que telle de mes tantes ou tel de mes oncles, morts en bas âge, avaient depuis longtemps gagné le paradis. Mais ce n'était pas une raison pour remiser les chapelets. Le purgatoire restait bourré d'Alsaciens. Toujours d'après Emma II, ils formaient la plus importante colonie du lieu, surtout les Hauts-Rhinois. Parce qu'ils avaient le cœur trop généreux pour mériter l'Enfer, la bouche trop gourmande et l'âme trop polissonne pour gagner le paradis sans expiation. Bref, s'il n'y avait plus lieu de prier pour la famille, le devoir commandait de secourir les compatriotes.

Voilà pourquoi, la voix pâteuse, le dos cassé, les rotules engourdies, le Changala continuait d'envoyer ses Ave vers Marie, Mère de Dieu. Il tentait de les faire avancer au pas de course pour en finir plus vite mais Emma II ralentissait aussitôt la cadence et ramenait le rosaire à l'allure d'un enterrement. N'allez pas croire que le Changala est imperméable au rayonnement de la Vierge ; au contraire, il est fasciné par sa robe rouge et tout ce bleu que Grunewald fait descendre sur elle, comme une cataracte d'azur, mais vous savez comme sont les enfants et particulièrement les enfants alsaciens : la seule chose qui l'intéresse vraiment dans ce tableau mystique, c'est le petit pot de chambre.

Or il suffit qu'il le considère d'un regard un peu trop appuyé pour que, par un phénomène de suggestion bien connu, il sente naître et croître en sa vessie, le petit besoin que le vase évoque. Cela se traduit par un léger frisson qui, perçu par Emma II, la met immédiatement en alerte. Je ne dis pas qu'elle envoie les âmes du purgatoire au diable, mais elle interrompt la prière en plein milieu d'un Ave, passe sa main sur le front du Changala, le déclare brûlant, estime que la fièvre dépasse quarante degrés et, pour conjurer les menaces de la grippe, du croup, de la méningite, de la pneumonie, de la phtisie galopante et du corbillard à pompons, elle déshabille le marmot en un tournemain et l'ayant fourré dans son lit, l'ensevelit sous une avalanche d'édredons. Après quoi elle court à la cuisine et en revient avec un bol de lait brûlant que souille un liquide brunâtre et malodorant.

Le Changala est heureux d'avoir échappé à la prière mais il déteste le répugnant breuvage ; Emma a beau lui dire que c'est le lait à la teinture d'iode ou la mort, il choisit la mort sans aucune hésitation. Emma II, qui entend bien le sauver malgré lui, alterne les menaces et les supplications, allant même jusqu'à lui pincer les narines pour obtenir qu'il ouvre la bouche. Mais le Changala n'est pas mioche à subir passivement la violence, il sait pincer lui aussi, il connaît même l'endroit qui fera couiner Emma II, il attrape son téton gauche et, par une vigoureuse torsion du mamelon, il obtient le cri et la paix désirés, plus une claque qu'il ne désirait pas.

Mais Emma II la regrette aussitôt, fait pleuvoir une averse de bécots sur la joue meurtrie et revient à la charge : Que va-t-il devenir s'il refuse de se laisser soigner ? Le Changala est bon prince. Qu'elle jette son lait pourri dans l'évier et qu'elle revienne avec un grog, c'est le seul médicament auquel il fasse confiance. *« Du besch noch eina ! »*, dit-elle en levant les bras au plafond. *Du besch noch eina*, ça veut dire *« tu en es bien un »*. Un quoi ? L'expression ne le précisant pas, on peut sous-entendre un drôle, un chenapan, un vaurien, ou pour tout dire un Alsacien. Seul un Alsacien peut-être assez roublard pour exploiter la maladie en essayant d'en tirer du plaisir.

Il faut dire que le Changala éprouve un goût très

vif pour le rhum. Il aime sa chaleur, sa couleur, son parfum, il aime aussi la superbe Antillaise dont l'éclatant sourire illumine la bouteille, on découvre sous le pan d'étoffe rouge qui camoufle son buste des nénés gros comme des pastèques avec lesquels il ferait bon jouer.

La pieuse Emma II a beau douter des vertus du grog et croire dur comme fer qu'un remède ne peut être efficace que s'il est écœurant, elle est prête à tout tenter pour sauver le Changala. Aussi court-elle à la cuisine préparer le breuvage qu'il réclame. Quand elle revient au chevet du malade qui pousse des soupirs à fissurer les murs, elle le trouve ruisselant de transpiration. Elle ne se rend même pas compte qu'elle l'a enseveli sous plusieurs édredons et que, sous une telle carapace, même un phoque de banquise verrait des gouttes de sueur perler à ses moustaches. Non, elle s'émeut, elle s'inquiète. Faut-il appeler le médecin tout de suite ? Peut-elle attendre jusqu'au matin ? Pendant qu'elle s'interroge, le moribond sirote consciencieusement le grog qu'elle lui a préparé. Il l'avale par petites gorgées car le breuvage est chaud, mais les lampées s'accroissent au fur et à mesure qu'il refroidit. Quant au rot satisfait qui salue la fin de l'opération, on ne risque pas de le prendre pour son dernier soupir car déjà l'agonisant fait retentir un impérieux « encore » en tendant le verre à Emma. Allons, il ne mourra pas cette fois-ci...

Emma s'agenouille au pied du lit et reprend à voix basse la prière interrompue. Les âmes des morts ont trop besoin de secours pour qu'elle les laisse tomber.

Le Changala admire sa constance mais il ne la partage pas. Il est trop heureux d'avoir échappé à l'interminable rosaire. Le corps niché dans la plume, l'esprit réjoui par les vapeurs du grog, il se moque éperdument des âmes du purgatoire. Il est au paradis.

Emma II nous quitta pour entrer au service d'un curé de campagne. L'emploi était plus conforme à sa vocation. Il convenait mieux à sa tranquillité. Le curé n'avait pas d'enfant et ce n'était pas lui qui lui pincerait le mamelon et réclamerait des grogs en pleine nuit.

Vous n'allez pas me croire mais pourquoi inventerais-je des détails aussi bêtes ? La bonne suivante s'appelait encore Emma. C'était une grosse fille au nez en pied de marmite qui travaillait deux fois moins que les précédentes et mangeait quatre fois plus. J'ai peu de souvenirs d'elle. Le premier est qu'elle avait une peur intense du vampire de Dusseldorf. Le célèbre assassin avait beau opérer à cent lieues d'Audincourt, le bruit courait qu'il venait s'entraîner dans la région. Persuadée qu'elle était celle qu'il recherchait, Emma III, dès le soir tombé, se mettait littéralement en grève, refusant de faire les courses, voire de descendre à la cave. La nuit, elle se barricadait en poussant sa commode devant la porte de sa chambre. Un jour, se croyant suivie par un homme vêtu de noir, elle courut au poste de police et supplia le brigadier Treuche d'arrêter ou d'abattre le dangereux égorgeur. Le policier lui demanda de désigner le suspect et eut tout juste le temps de rengainer son arme en reconnaissant celui vers lequel elle pointait son index. Il ramena l'excitée à la maison et raconta à mon père comment il avait failli tirer sur le juge de paix. Cela ne convainquit pas Emma III qui demeura persuadée que le vampire se déguisait en juge pour mieux cacher son état d'assassin.

Autre vilain souvenir : la fête d'Audincourt. Mes parents s'étaient rendus à Lautenbach et nous avaient confiés à Emma III. « Voici vingt francs pour chacun de vous, avait dit papa. Mais comme je vous sais capables de les dilapider sur-le-champ, je les confie à Emma qui vous les donnera au fur et à mesure de vos besoins. » S'il existait alors une fête qui méritât ce nom, c'était bien celle d'Audincourt avec sa dizaine de manèges et ses innombrables attractions.

Le premier soir, Emma prit la direction de nos plaisirs. Elle nous emmena voir la femme sans tête, la femme tronc et autres femmes à barbe ou de deux cents kilos qui ne correspondaient guère à mon idéal féminin. Puis elle prit trois billets pour le *Mur de la mort*, ainsi nommé parce que les motocyclistes qui tournaient dans une énorme sphère se tuaient fréquemment, c'était du moins ce que prétendaient les affiches qui laissaient également entendre qu'avec un peu de chance l'accident pouvait se produire sous nos yeux. Emma III, que cette perspective avait alléchée, quitta le spectacle déçue. Nous vîmes encore quelques monstres en conserve dans de répugnants bocaux et une ménagerie où se produisait un lion du troisième âge qui semblait occupé à rechercher son souffle, soit qu'il eût une crise d'asthme, soit qu'un os trop coriace pour sa denture en ruine restât coincé dans son gosier. Après quoi, Emma III se laissa tenter par les loteries et acheta trois cornets de nougat.

Nous la trouvions bien gentille de nous gâter ainsi mais comme nous étions impatients de faire quelques tours de manèges, en commençant par les autos tamponneuses, le Changala exprima le désir d'écorner son petit patrimoine et le Pierri fit évidemment chorus.

Emma III nous regarda. Ces messieurs voulaient rire ? Nous regardâmes Emma. Se fichait-elle de nous ? Pas à l'en croire car elle fit aussitôt les comptes : trois femmes sans tête à deux francs l'entrée, ça faisait six francs, trois femmes-tronc à un franc, ça en faisait neuf plus trois femmes à barbe, plus trois femmes de deux cents kilos, plus *trois Murs de la mort*, trois monstres, trois ménageries, trois billets de loterie et trois cornets de nougat, ça faisait en tout quarante-deux francs, deux francs de plus que le pécule alloué par papa, la pauvre Emma en était de sa poche.

Le Changala se mit à trépigner d'indignation. Qu'après leur avoir imposé des attractions sans intérêt, la garce osât prélever sur leur pécule le coût de son plaisir, cela témoignait d'un culot monstrueux. Comment, comment ? raisonnait la garce, était-ce à la servante de payer pour les maîtres ou aux maîtres d'entretenir les servantes ?

Le Changala ne se contient plus. La rage lui donne une âme de taurillon. Comme toujours en ce genre de circonstances il se met en position de combat, baisse la tête, frappe le sol du pied, vise le ventre de l'adversaire et fonce en criant *dracksau*, ce qui veut dire sale truie. Car il ne faut pas seulement frapper le corps, il faut aussi atteindre l'âme et rien de tel qu'une injure alsacienne pour la percuter de plein fouet. La preuve c'est qu'Emma III encaissa le coup dans l'estomac sans brailler outre mesure mais ne digéra pas l'offensant *dracksau*.

Lorsque mes parents revinrent de Lautenbach, elle les cueillit à leur descente de voiture et dit : « Votre fils m'a traité de sale truie. S'il ne me fait pas des excuses, je quitterai la maison sur-le-champ ». Je vis bien que papa avait envie de lui dire chiche, en la catapultant dans le Bas-Rhin d'un coup de pied dans les fesses (eh ! oui, elle était du Bas-Rhin). Mais je sentis aussi qu'il ne voulait pas courir le risque d'embaucher une quatrième Emma. Il me mit une torgnole assez spectaculaire pour combler la plaignante et m'enjoignit de faire les excuses demandées. Je les fis en plantant mon regard dans celui de la garce. Un regard d'où s'échappaient des milliers de cochons qui grognaient *dracksau*, *dracksau*, *dracksau*... Mais je ne suis pas là pour vous enseigner l'alsacien.

Comme on voit ce n'était pas une dent que j'avais contre elle, c'était toute une mâchoire. Les deux jours de fête qui avaient suivi la soirée gâchée par la sale truie, le Pierri et le Changala les avaient passés, les poches vides, à regarder leurs copains tourner dans les manèges. Leur détresse avait ému Dante, Raphaël et Michel-Ange, qui n'étaient pas les grands Italiens auxquels vous pensez, mais des enfants de travailleurs immigrés que leurs pères, ouvriers chez Jenny, avaient, en guise d'armoiries, dotés de prénoms prestigieux. Ils les avaient également pourvus de ressources pour la fête et, comme les fils du directeur étaient dans la panade, les enfants d'ouvriers avaient partagé leur fortune avec eux.

Mais le Changala continuait d'en vouloir à Emma. Il suffisait qu'il fût seul avec elle pour lui enfoncer dans l'oreille l'insupportable injure. Savonné par son père, à qui la *dracksau* allait se plaindre aussitôt, il niait avec indignation et se calmait un jour ou deux. Puis, inventant de nouveaux raffinements, il écrivait le mot sur une ardoise, appelait la *dracksau* à la fenêtre et le lui mettait sous le nez. Un jour qu'ils étaient seuls, il entreprit de lui chanter, avec une légère variante, le gand air de Carmen : « *Toréador, prends ga-a-a-arde, s'Emma esch a dracksau, s'Emma esch a dracksau...* » La victime poussa des cris si déchirants que le bourreau promit de ne plus chanter le couplet. Il se contenta d'interpréter le motif au piano. Libre à Emma d'en reconstituer les paroles.

Pour tout vous dire, le Changala lui manifesta tant d'inimitié et la persécuta avec tant de constance qu'il finit par la rendre sensiblement plus dingue qu'elle n'était à son arrivée. Comme elle croyait à la magie noire et aux pratiques de sorcellerie, il n'eut aucune peine à lui faire admettre que l'homme à la cape rouge, au regard inquiétant et au teint cadavérique qui gouvernait la baraque de la femme sans tête, et qui n'avait aucun rapport avec le juge de paix, était sans doute le véritable vampire de Dusseldorf. Ses crimes lui permettaient de boire tout son saoul et de renouveler constamment son stock de décapitées. Ainsi s'expliquait l'étonnante fraîcheur de celle que nous avions vue pour trois fois quarante sous.

C'était plus qu'il n'en fallait pour inciter Emma III à regagner son village. Personne ne la regretta. Nous apprîmes par la suite et par une mauvaise langue que sa mère l'avait eue, hors mariage, d'un petit fonctionnaire prussien qui avait dû quitter l'Alsace en 1918. Il nous parut inutile, tant l'antigermanisme était vivace en nous, de chercher une autre cause à son toupet, sa goinfrerie, son avarice et sa stupidité. Il ne me vint même pas à l'esprit que le Changala, né de père et de mère alsaciens et superpatriotes, s'était, lui aussi, conduit comme un cochon.

L'ogre des forêts. Tendres souvenirs de guerre. Arrêts multiples. Le son du cor. Double protection. Un retour orageux.

De ma troisième demeure, qui était celle de l'oncle Fouchs, je ne dirai pas qu'elle était la maison du Bon Dieu. Je ne dirai pas non plus que c'était celle du diable encore que, si les grands peintres du passé avaient connu mon oncle, ils l'eussent plutôt fait poser pour Méphisto que pour l'Ange Gabriel. Il avait un regard on ne peut plus flamboyant, que je n'ai vu depuis que chez le renard des sables *(vulpeculus fennecus)*, le padre Pio, le célèbre stigmatisé italien, et mon ami Yvan Audouard.

C'est dans *Les tilleuls de Lautenbach* que j'ai commencé d'éparpiller mes souvenirs d'enfance. L'oncle Fouchs en est le personnage dominant. Un critique allemand, vous savez comme nos bons voisins sont lyriques, a dit qu'il se dressait à l'horizon du livre comme le Vésuve à l'horizon de Naples. Assimiler son bouquin à la célèbre baie et laisser quasiment entendre qu'on pouvait mourir après l'avoir lu, vous pensez si le vieux Changala a bombé le torse, mais comme il n'est pas exagérément vaniteux, je veux dire comme il a le sens de la mesure, il ne s'est pas rengorgé longtemps ; comme dit la jeune génération, « faut quand même pas charrier ».

Cela dit, on peut effectivement assimiler l'oncle Fouchs au Vésuve. Il toisait le monde du haut de son cratère et son âme savait cracher le soufre et le feu. Je vais peut-être revenir sur des choses déjà dites mais, quand on dispose d'un volcan, il serait dommage de ne pas le laisser bouillonner.

Endommagé par la guerre — un fantassin, qui serait sans doute devenu son ami s'ils s'étaient rencontrés dans une auberge plutôt que dans une tranchée, lui avait envoyé sa baïonnette à travers les mâchoires, faisant tomber plusieurs dents et parant son menton d'une profonde balafre — l'oncle Fouchs avait réparé les dégâts en se laissant pousser la barbe et en s'offrant une gueule en or qui jetait presque autant d'étincelles que ses yeux.

Autant dire que le Pierri et moi nous le tenions pour un ogre et que nous claquions des dents à la pensée de le suivre au cœur de la forêt. C'est parce que notre mère se trouvait en clinique et que notre grand-mère était aussi fatiguée que sa fille que l'oncle Fouchs avait recueilli les deux loustics provisoirement orphelins.

Dès que nous fûmes en face de lui, le Pierri et moi, la peur nous ravagea le ventre. Il commença par critiquer sévèrement ce qu'il appelait notre éducation franco-tonkinoise et nous interdit les sanglots, les hoquets, les reniflements, les mains dans les poches et l'emploi du pronom « quoi ». « On dit " quoi " quand on est une grenouille ; quand on est un enfant bien élevé et qu'on veut se faire répéter quelque chose on dit " plaît-il " ou " pardon ". »

Notre angoisse commença par s'atténuer chez grand-mère où l'oncle Fouchs s'était attardé pour vider quelques pichets, offrir une tournée générale et injurier ses invités qui semblaient d'ailleurs prendre un étrange plaisir à s'entendre traiter de crétins, d'arriérés, de doubles cocus, primo en tant qu'époux de femmes infidèles, secondo en tant qu'électeurs du Bloc National.

Il parlait aussi de la forêt, de ses cerfs, de ses chevreuils et de ses biches avec un respect et une tendresse qui contrastaient singulièrement avec les injures dont il venait d'accabler les bipèdes. Il évoquait enfin des souvenirs de guerre, pas des récits de tranchées, avec déluge de feu, bains de boue, abondance de cadavres et poux à discrétion, non, il parlait des comtesses qui l'avaient soigné dans les hôpitaux polonais et dont le derrière — le Pierri et moi nous n'en croyions pas nos oreilles — était ce qu'il avait vu de plus beau et touché de plus doux sur cette terre. Je sais, je vous en ai déjà parlé, mais c'était la première fois que mon frère et moi entendions ce genre de confidences et je suis comme l'oncle Fouchs, je ne manque jamais une occasion de rendre hommage à la beauté.

Grand-mère, qui nous voyait bâiller, ce qui ne nous empêchait pas d'ouvrir nos oreilles, supplia l'oncle Fouchs d'avoir pitié des âmes qu'on lui avait confiées, autrement dit de regagner sa maison sans faire de halte dans les bistrots qui jalonnaient la route. L'oncle promit solennellement de rentrer d'une seule traite et de nous mettre au lit, à condition que sa voiture ne le trahisse pas.

Mais la voiture connaissait son devoir, elle trahit juste devant le café Pavie où l'oncle Fouchs se désaltéra longuement en improvisant un nouveau discours sur le charme slave et sur le cocuage électoral. Plus il buvait, plus ça le faisait parler et plus il parlait, plus ça le poussait à boire, Mais, se souvenant de la promesse faite à grand-mère, il rompit le cercle vicieux et nous regagnâmes la voiture dont il dut longtemps exciter le moteur pour qu'elle consente à repartir.

Voyant de la lumière chez son ami Murat, alors qu'il était plus de minuit, il conjectura qu'il devait se passer quelque chose d'anormal et résolut de s'arrêter. Murat lui apprit que sa belle-mère venait de mourir subitement. Ce n'était pas une raison pour refuser le riesling que son ami lui servit. Un riesling dont l'émouvant bouquet lui inspira un discours désabusé sur la fragilité de la vie et l'absence de remède contre la mort. Après avoir levé son verre au repos de la défunte, il prit congé des vivants et nous reprîmes la route.

C'est alors que l'oncle Fouchs, inspiré par la douce nuit d'été, se mit à réciter le *Postillon* de Lenau. Il le dit en allemand, langue que le Changala n'avait jamais apprise et dans laquelle il entra comme un bateau qu'on lance à la mer. Il est vrai que l'alsacien, qu'il parlait parfaitement, l'empêchait de sombrer mais il n'aurait jamais pensé qu'il se maintiendrait aussi facilement à flot. Il y avait, certes, des mots qu'il ne comprenait pas, mais la magie de la poésie et la musique des vers lui en laissaient entrevoir le sens et il écoutait le poème avec ravissement. Il commence par une jolie nuit de mai, la diligence emporte le poète de village en village, il chante les nuages d'argent qui courent sous la lune, la bise caressant la campagne endormie, les musiques et les parfums de cette nuit de printemps. Quant au postillon, il fait claquer son fouet, galoper ses chevaux, retentir son cor, éclater sa joie... Soudain, au milieu de la splendeur nocturne, un cimetière apparaît. La voiture s'arrête, le postillon descend et présente ses excuses au poète : là-bas, dans sa tombe encore fraîche, son ami est couché, « un brave, un merveilleux garçon, monsieur, c'est à jamais dommage, personne ne sonnait du cor comme mon camarade ». Alors, le postillon embouche son instrument et joue à celui qui est sous la terre sa chanson préférée. Le son du cor revient en écho de la colline comme la réponse du compagnon endormi.

Ce soir-là, le premier soir où j'ai entendu l'oncle Fouchs réciter le Postillon, il s'arrêta devant le petit cimetière de Linthal et, sous la double influence de l'émotion et du riesling, il dit : « Changala, promets-moi que lorsque je serai mort, tu viendras jouer du cor sur mon tombeau. » Le Changala promit, et la main de l'oncle lui étreignit fraternellement l'épaule.

Soudain, on entendit de joyeux flonflons s'échapper de l'auberge Riethmuller. L'oncle Fouchs se souvint qu'on y célébrait une noce. Il s'arrêta pour voir si, comme à Cana, on avait gardé le bon vin pour la fin. Il commença par saluer tout le monde, je veux dire qu'il eut un mot désobligeant pour chacun, élevant des doutes sur la vertu de la mariée et n'en laissant subsister aucun sur la dissipation de l'époux, l'infortune des cocus, l'avarice des ladres ou l'intempérance des ivrognes. Quant aux rires que suscitaient ses propos, ils étaient francs et communicatifs mais, lorsqu'on lui demandait pourquoi il ne partageait pas l'hilarité par lui déclenchée, il répondait qu'on riait de ses révélations pour faire croire qu'elles étaient fausses et que lui n'en riait pas parce qu'il savait qu'elles étaient vraies.

Et puis, il y eut le retour à Dauvillers sous un orage d'apocalypse. L'oncle Fouchs roulait à l'estime, heureux de constater, quand les éclairs illuminaient les ténèbres, que la guimbarbe était bien sur la route, lorsque la providence — ou peut-être le diable, allez savoir ! — nous sauva probablement la vie en nous faisant tomber en panne. Le moteur se mit à tousser comme nous longions le ravin appelé l'*Enfer*, et s'étrangla juste au-dessus du gouffre. L'oncle fit descendre les deux âmes dont il avait la charge et qui avaient été à deux doigts de quitter leur corps puis, sous une pluie de fin du monde, nous poussâmes la voiture contre les rochers, cherchâmes de grosses pierres pour en caler les roues et, tandis que la foudre embrasait le ciel et que le tonnerre roulait de montagne en vallée, les trois compagnons marchèrent vers la maison forestière.

Ils arrivèrent comme le coucou sonnait quatre heures du matin. Tante Nini qui les attendait depuis la veille leva les bras au ciel en voyant couler sur son carrelage l'eau qui ruisselait de leurs vêtements. Elle s'écria : « Mon Dieu, qu'as-tu fait de ces enfants ! » C'est alors que l'oncle Fouchs eut cette réplique qui remplit de fierté le Changala : « Ma chère, je crois bien que j'en ai fait des hommes ! »

Tante Nini, qui était la sœur de maman, déshabilla ses neveux, les sécha, les frictionna, les réchauffa, leur donna du lait chaud sucré avec du miel et les fourra sous de gros édredons rouges. De temps en temps, elle les quittait pour aller savonner son mari, mais il opposait aux orages conjugaux la même indifférence qu'à la fureur des éléments. Alors, elle revenait mignoter ses neveux en les plaignant de tout son cœur d'avoir un oncle aussi indigne et aussi dépravé. Quant au Changala, il baignait dans une douce euphorie. Non seulement il était ravi d'avoir une tante aussi belle et aussi gentille que sa maman, mais il était fier d'avoir un oncle qui parlait si joliment du derrière des dames et qui engueulait aussi crûment ses amis.

Rhapsodie en vert.
Un regard boréal. Les plaisirs de la pendaison.
Le réchauffement.

Au matin, je veux dire vers deux heures de l'après-midi, quand il se réveilla, le Changala découvrit sa troisième maison ; un beau navire blanc ancré dans une rade de verdure que cernaient de toute part les sombres falaises de la forêt. Oui, c'était une rhapsodie en vert : le vert profond des sapins, le vert tendre de la clairière, le vert clair des arbres fruitiers et le vert plus ou moins épinard des habitants du lieu. Car vert était l'uniforme de garde forestier de l'oncle Fouchs, verte était la robe de tante Nini, verts la culotte, la jupette et les tricots du cousin Hubert et de la cousine Viola, verts enfin la robe et le tablier sous lesquels Anita, la petite bonne, cachait les trésors de ses seize ans... Un demi-siècle avant les écologistes, l'oncle Fouchs battait pavillon vert et sa maison semblait habitée par des caméléons. Seuls la vache, les cochons, les poules, le Pierri et moi nous détonnions dans le paysage. Mais tante Nini se mit à nous tricoter des chandails et nous prîmes bientôt, nous aussi, la couleur du lieu.

Pour l'instant, nous sommes à table avec une serviette autour du cou. Quoiqu'il soit quatorze heures, ce n'est pas le repas de midi que nous allons prendre, mais le petit déjeuner du matin. « Voilà ce que c'est que de dormir comme des fêtards » dit en souriant tante Nini. Comme nous avons la dent passablement creuse, nous craignons sinon la disette, du moins les restrictions. Mais que voyons-nous arriver sur la table ? Des œufs pondus pour nous le matin même, du lard coupé en petits parallélépipèdes, du fromage blanc, des tartines de beurre enrichies de ce miel noir que les abeilles d'Alsace extraient de la forêt... Voyant le joyeux accueil que nous faisons à ce qu'elle tient visiblement pour nourriture d'ascète, tante Nini tient à nous rassurer : « Ce soir, vous mangerez mieux » dit-elle. Au fond du Changala, une voix s'élève : « Allons, nous ne serons pas malheureux dans cette maison ! »

Il demande où est le maître. Tante Nini met un doigt sur sa bouche. Le maître se repose dans la chambre voisine. Avant de se coucher il a éprouvé le besoin de faire une promenade en forêt et n'est rentré qu'à l'aube. (Je suppose qu'il a fui les criailleries d'une épouse en colère et qu'en regagnant la couche conjugale aux premiers feux de l'aurore, le chant du coq lui a inspiré d'effacer la discorde par le rapprochement.)

Le Changala ne revit le maître qu'au repas du soir. Mais le maître ne parut pas voir le Changala. L'enfant était arrivé à table tout frétillant, prêt à évoquer la nuit passée ensemble, le discours aux cocus, la belle histoire du postillon, voire les mystérieux attraits des comtesses polonaises, enfin toutes ces choses qu'on peut se dire entre camarades... Mais quand la porte s'est ouverte et que l'oncle est apparu, un grand froid est entré dans la pièce avec lui. Viola et Hubert se sont hissés sur la pointe des pieds pour embrasser leur père, le Pierri et le Changala en ont fait autant, mais le père n'a pas vu ses enfants, l'oncle n'a pas regardé ses neveux, il a pris sa serviette pour essuyer les bulles de salive que les baisers des marmots avaient laissées dans sa barbe. Puis il s'est mis à table et il a commencé à manger en silence, les yeux tournés vers la forêt.

De nouveau, le Changala eut envie de lui parler, de lui rappeler leur complicité de la veille, cette promesse qu'il lui avait faite de jouer du cor sur sa tombe, c'était entendu, il apprendrait la musique et soufflerait avec plus d'âme encore que le postillon. Mais il vit bien que son ami de la nuit n'avait rien de commun avec son oncle du jour et il continua de manger en silence lui aussi.

Dieu merci, Hubert, Viola, la maison forestière et ses dépendances le consolèrent du dédain de l'oncle Fouchs. Comme l'usine d'Audincourt, c'était un espace idéal pour attaquer les diligences et se battre avec les Indiens. La maison était un ranch magnifique, la clairière figurait la vaste prairie et la Lauch était le Rio Grande, pour ne pas dire le Mississipi. Nous disposions même de bétail en la personne de la vieille Hirschel, la vache de l'oncle Fouchs qui fut promue au rang de bison, que dis-je, de bison ! c'est à tout un troupeau qu'elle servit de support ; vous pensez bien que si notre imagination changeait si facilement une vache alsacienne en ruminant américain, c'était un jeu d'enfant pour elle que de multiplier le bétail ainsi obtenu. Les bandits étaient mon frère Pierre et le cousin Hubert que je combattais avec un revolver à bouchons. Hubert avait le peu enviable privilège d'attirer les guêpes. Elles adoraient le piquer dans les régions tendres, particulièrement dans les joues qui, en enflant démesurément, lui fermaient l'œil, lui déformaient le nez, lui tordaient la bouche et lui conféraient, en mille fois plus redoutable, la gueule de Georges Bancroft ou de Wallace Beery. C'était un vrai plaisir de le poursuivre, de l'arrêter, de lui faire avouer ses crimes et de le pendre à un pommier.

Les vacances scolaires ne commençaient qu'à la fin de juillet. Hubert et Viola allaient à l'école au petit village de Sengern qui se trouvait à une lieue de Dauvillers. Nous aurions dû y aller aussi, le Pierri et moi. A Audincourt, papa ne plaisantait pas avec la scolarité, il fallait au moins une broncho-pneumonie ou des inondations catastrophiques pour nous faire manquer la classe. En Alsace, lorsque la santé de maman nous obligeait à séjourner chez grand-mère ou chez l'oncle Fouchs, il contrevenait sans vergogne à la loi sur l'instruction obligatoire, estimant que l'observation du ciel, de la nature, des animaux et la fréquentation des Alsaciens valaient largement les cours du père Hintzy.

Il y avait bien la mécréance et la germanophilie de l'oncle Fouchs qui chiffonnaient sa foi et son patriotisme mais, s'il n'ignorait pas les défauts de son beau-frère, il connaissait aussi sa droiture et sa générosité, sans parler de sa très grande culture qui, moyennant certaines corrections, ne pouvaient qu'enrichir de jeunes esprits. Après quelques jours d'une indifférence glaciale, le regard de l'oncle se posa de nouveau sur le Changala. Un regard qui, la veille encore, lui donnait des engelures mais où s'allumait à nouveau cette flamme de tendresse qui, au cours de la nuit d'orage, lui avait tant chauffé le cœur. « Vas te faire beau, dit l'oncle. Je veux te présenter au Florival. » Le neveu comprit tout de suite qu'il ne s'agissait pas de montrer la vallée au Changala, mais de faire voir le Changala à la vallée. Tante Nini tenta de s'y opposer, d'abord parce qu'elle était d'un naturel contrariant, ensuite parce qu'elle était d'un caractère inquiet et que la vieille Renault de l'oncle Fouchs avait la fâcheuse habitude de sauter au cou des platanes, de descendre dans la Lauch ou de se retourner dans les champs.

Le Changala aurait bien voulu se mettre en deux et partir avec son oncle en restant avec sa tante, mais il fallait choisir. Alors il embrassa tendrement la tante pour lui montrer combien il était triste de la quitter et monta dans la voiture de l'oncle en lui faisant comprendre combien il était fier de le suivre.

Je ne voudrais pas médire de mon oncle ni désobliger, à travers lui, le très honorable corps des gardes forestiers, mais je crois pouvoir dire que son métier n'avait rien d'épuisant. J'ai suivi beaucoup de ses activités, les promenades en voiture, les balades en forêt, la méditation sylvestre, les dialogues avec les animaux, les séjours dans les bistrots, les discours aux consommateurs, j'en passe et de plus captivantes, mais jamais je n'ai pu le surprendre au travail. Au vrai, je me demande encore en quoi consistait sa fonction. Dans la petite tête du Changala le garde forestier gardait les arbres et comme ces derniers n'étaient guère portés au vagabondage, il ne devait pas être exténuant de les tenir à l'œil.

Allure fière, intelligence vive, esprit étincelant, forte personnalité, l'oncle Fouchs avait tout ce qu'il fallait pour faire une carrière prestigieuse. Comme la saignée de 14-18 avait laissé vacants de forts brillants emplois, on lui avait proposé un fauteuil plus ou moins directorial dans l'administration des Eaux et Forêts. Il avait poliment décliné l'offre et prié la hiérarchie de réserver le siège à un derrière plus intéressé que le sien par la ponte de circulaires et la plantation d'arbres sur le papier. Il préférait un petit poste au fond de la forêt qu'une grosse situation loin d'elle.

Assis à la droite de son oncle, dans la voiture qui roule vers Guebwiller, le Changala attend qu'il ouvre la bouche. Au vrai, le silence ne lui déplaît pas. Il le sent plein de mots que l'oncle doit être en train de préparer pour lui. Lui-même en a mis quelques-uns de côté pour le cas où on lui permettrait de parler.

« Changala, dit soudain l'oncle, as-tu envie de grandir ? » Le Changala répond sans hésiter : « Oh ! oui, oncle Fouchs ! » — « Eh bien, tu as tort » affirme l'oncle. Le Changala est navré, d'autant plus navré que son désir d'être grand n'est pas immodéré.

Quand on a une maman, un papa et un oncle Fouchs comme les siens, il n'est pas désagréable d'être petit.

« Tu as tort, répète l'oncle Fouchs, pourquoi veux-tu grandir ? Pour être quoi ? Pour devenir qui ? » Le Changala a des ambitions peu originales. Il voudrait devenir Napoléon ou Maréchal Foch. Mais il sent que ce n'est pas la bonne réponse et que l'oncle attend autre chose. Mais quoi ? Il lui vient une idée : « Lindbergh ». L'oncle Fouchs demande : « Et qui c'est, celui-là ? » Le Changala répond : « C'est le fou volant ! » L'oncle Fouchs se souvient : « Ah ! oui... Et tu veux devenir fou ? » Le Changala se mord les lèvres, le voici qui s'angoisse et cherche fébrilement une réponse qui soit digne de la haute idée que l'oncle Fouchs semble se faire de lui. Garde-forestier ? ça sent trop la flatterie. Postillon ? ça n'existe plus. Polonais, pour s'adonner à la contemplation des superbes comtesses ? Ce ne serait pas convenable.

Alors il se ravise : « Je ne suis pas très sûr de vouloir grandir. » L'oncle hoche la tête : « Ouais ! tu es déjà comme les adultes, tu ne sais pas ce que tu veux. Eh bien, je vais te donner un conseil. Ne grandis pas, Changala, ne grandis pas ! Prends autant de centimètres qu'il te plaira, deviens girafe si tu veux, mais ne laisse pas grandir ton ambition, ne laisse pas croître ta convoitise. Ne va pas non plus chercher le bonheur où il n'est pas. Souviens-toi des paroles du poète : si tu cours les grands chemins, si tu vas sur les océans, tu changeras de ciel tu ne changeras pas d'humeur. Le bonheur est dans le Florival, mon neveu... Cela dit, si tu dois rester petit par la convoitise et l'ambition, je veux que tu sois grand par la valeur. Et pour commencer, nous allons cesser de t'appeler Changala, c'est un prénom bien trop sucré pour toi. Il te faut un nom d'homme à présent. Jean est très bien. Mais on peut le rendre plus viril encore, il suffit de lui donner sa forme germanique, Hans — ça sonne comme le han du bûcheron. Dorénavant, tu seras le Hans, le Hans du Florival. Car n'oublie pas, c'est dans le Florival que se trouve le bonheur ».

Plus tard, bien plus tard, lorsque je me suis constitué un petit nécessaire de philosophie auprès des maîtres-penseurs à la mode, j'ai trouvé cette sagesse un peu courte. Jusqu'au jour où j'ai redécouvert la même vérité sous la plume de Giono : « Le bonheur des hommes se trouve dans les petites vallées » disait le sage de Manosque, quelque vingt ans après celui de Dauvillers.

Le théâtre au café. Gloire aux cocus.
Présentation du Hans. Éloge de l'eau.
Accidents et miracles. La forêt bien-aimée.

Dieu est partout, tous les croyants le disent, mais c'est dans les églises qu'il atteint le maximum de présence. Au Florival et pour l'oncle Fouchs, il en allait de même avec le bonheur, il habitait toute la vallée mais c'était dans les auberges qu'il atteignait son plus haut degré de concentration. Notre pèlerinage commença donc chez Fischer où la pause riesling avait rassemblé tous les assoiffés des environs. L'entrée de l'oncle dans un temple bachique était toujours un événement. Son regard flamboyait, sa gueule en or étincelait et on peut dire, sans métaphore, qu'il enflammait aussitôt la salle.

« Je vous présente le Hans, mon neveu, dit-il. Ce n'est pas le *Hans im Schnockeloch,* qui ne sait pas ce qu'il veut. C'est le Hans du Florival. Il sait où se trouve le bonheur, n'est-ce pas, Hans ? »

Le Hans du Florival prit un air entendu, il n'était pas peu fier de voir les regards converger vers lui et de sentir retomber sur le page les hommages qui montaient vers le roi. Les présentations faites, l'oncle Fouchs commença à distribuer ses injures et ses vérités. On riait à pleine culotte et c'était à qui, du jaloux ou du fat, de l'avare ou de l'ivrogne, du fainéant ou du cocu, faisait sauter le plus de boutons. Le Changala participait à l'hilarité générale et comprenait soudain pourquoi les victimes de l'oncle prenaient un tel plaisir à se faire engueuler, c'était parce qu'il les savonnait avec amitié et qu'il n'y a pas de tendresse plus douce à certaines âmes que cette tendresse bourrue. Ce n'est pas parce que c'est moi, mais ce Changala ne manquait pas de jugeote, bien sûr que l'oncle Fouchs engueulait bien parce qu'il aimait bien et s'il aimait bien c'était parce qu'il connaissait bien, non seulement les vices et les travers de ses victimes et amis, mais aussi leurs malheurs, leurs misères, leurs maux, leurs infirmités, leurs verrues, leurs chicots, leur haleine, tout ce qui faisait leur disgrâce ou leur charme, c'est dans tout ça qu'il leur mettait le nez et de tout ça qu'il les invitait à rire...

Quand il entrait dans un café, tout le café devenait théâtre et nombreux étaient les clients qui, le sachant dans les parages, s'attardaient dans la salle dans l'espoir de le voir improviser une de ces bouffonneries douces-amères où s'exprimait sa joyeuse ironie. Ce soir-là, il félicita le Virgile d'être aussi copieusement cocu, c'était une chance pour un mari, ça prouvait combien sa femme était belle et désirable, il y avait dans cette salle des citoyens qui ne risquaient pas de porter des cornes car qui voudrait toucher aux épouvantails qu'ils avaient épousés ? Oui, c'était une grâce d'être cocu, non seulement cela faisait le bonheur de votre épouse mais ça enrichissait aussi le cercle de vos amis.

Le Changala était un peu dépassé par la hauteur du débat mais il riait de confiance et quand, d'aventure, le regard de l'oncle Fouchs revenait sur lui, il n'avait pas grand-peine à le déchiffrer, il lui semblait que l'œil gauche disait : « Vois comme ils sont cons ! » et que l'œil droit ajoutait : « Vois comme ils sont braves ! »

Après quoi on changeait de café et de théâtre, ce n'était pas ce qui manquait au Florival et l'oncle Fouchs était partout le bienvenu. Il poursuivait sa quête de félicité en s'attaquant aux membres du gouvernement, on sait à quel point le politicien piétiné porte bonheur... Ailleurs encore, quand le riesling ouvrait en lui les vannes de la tendresse, il ravissait l'auditoire et particulièrement le Changala, je veux dire le Hans, en parlant de sa bien-aimée, sa *geliebte*, qui était la forêt. Il célébrait aussi ses amis les cerfs, les biches, les sangliers... Il lui arriva même, dans la dernière auberge, de faire l'éloge de l'eau. Peut-être pour conjurer les dangers qu'allait nous faire courir son amour du bon vin, qui s'inscrivait d'ailleurs chez lui dans une passion plus haute et plus ardente, celle de la vérité.

Cette nuit-là, en effet, sur le chemin du retour, l'oncle Fouchs s'assoupit légèrement au volant. La voiture en profita pour quitter la route et se retourner dans les champs. Grâce à son épaisse carapace, elle s'en tira sans aucune égratignure. Réveillé subitement l'oncle Fouchs demanda « Tu es toujours là,

Hans ! » Le Hans le rassura par un oui. L'oncle dit : « Nous aurions tort de rester dans un véhicule qui a les quatre roues en l'air. C'est une position inconfortable et ça ne nous mènerait nulle part. »

La voiture tenant davantage du salon que de la cage, les rescapés purent facilement s'en extraire. L'oncle posa la main sur l'épaule du neveu et dit : « Rappelle-toi ce que je t'ai dit, Hans, le bonheur est dans le Florival ! Mais nous avons peut-être tort de le poursuivre en voiture... » Nous rentrâmes à pied. Lorsque, vers trois heures du matin, tante Nini vit mon front meurtri, mon nez sanguinolent et ma démarche légèrement claudicante, elle poussa de nouveau des cris, accusant l'oncle Fouchs de tentative d'homicide sur la personne de son neveu, reprochant même au Changala de s'être fait complice en acceptant de monter dans la voiture de l'assassin. « Cette fois, tu ne vas pas me dire que tu en as fait un homme. » s'indigna-t-elle. Mais bien sûr qu'il allait le dire et la preuve que le Hans était un homme et sa tante une femmelette, c'est que c'était lui qui était blessé et elle qui poussait des cris.

Au vrai, elle aurait pu en pousser davantage en découvrant que l'oncle Fouchs avait, lui aussi, le visage violacé et du sang dans sa barbe. Mais blasée, sans doute, par les multiples plaies et bosses que la guerre et l'automobile avaient infligées à son mari, elle ne semblait pas y prêter attention. Il y eut encore bien d'autres accidents. Il y eut aussi des miracles.

Un soir que la vieille Renault longeait l'abîme un peu abusivement appelé l'*Enfer*, un rocher tombé sur la route obligea l'oncle Fouchs à se rabattre vers le gouffre. Il donna un coup de frein brutal qui nous retint tout juste au bord du précipice. La roue avant se trouvait déjà suspendue dans le vide et si l'oncle, qui avait tendance à confondre la première avec la marche arrière, se gourait en passant les vitesses, il y aurait de belles photos de la catastrophe dans les journaux alsaciens. Outre le chauffeur et votre serviteur, la voiture contenait tante Nini, Hubert et Viola, qui se hâtèrent d'évacuer le navire avant qu'il ne coule à pic. Le Hans restait impassible. Il savait que son ange gardien veillait sur lui et, comme il soupçonnait l'oncle Fouchs d'être plus ou moins protégé par le diable, cela faisait une double sécurité. Aussi lorsque le maître de son destin lui demanda s'il n'avait pas peur, il répondit : « Pas avec vous, oncle Fouchs ! » L'oncle empoigna le levier et appuya sur l'accélérateur. La vieille Renault eut un ricanement spasmodique et s'arracha lentement à l'abîme. C'est alors que l'oncle posa sa main sur l'épaule du Hans et dit : « Changala, ta foi nous a sauvés. »

Il y eut un accident plus grave, un jour où la vieille Renault était descendue dans la Lauch. La tête de l'oncle Fouchs s'était montrée plus résistante que le pare-brise, malheureusement elle avait défoncé ce dernier avec la pipe au bec et cette pipe s'était plantée dans la voûte palatine, il avait fallu l'extraire à l'hôpital, ça lui avait rappelé le coup de baïonnette à travers les mâchoires et les dégâts qui en étaient résultés.

Alors, il en eut assez des foucades de la capricieuse

guimbarde. Il décida de se séparer d'elle en l'offrant à un ami auquel il voulait du bien. Puis il fit l'acquisition d'un cheval et d'une victoria. Le cheval était blanc, racé et intelligent. Il s'appelait Hansi comme beaucoup de chevaux alsaciens. Non seulement il ramenait toujours l'oncle à Dauvillers, ce que la Renault faisait de moins en moins, mais il avait très vite compris l'âme et les habitudes de son maître et s'arrêtait spontanément devant toutes les auberges du Florival.

Il y eut une autre fête : celle que l'oncle Fouchs organisa pour moi au cœur de la forêt. Je sais combien le souvenir peut magnifier le passé mais je suis sûr de ne pas avoir rêvé. Nous nous étions assis dans une clairière, il avait recommandé le silence et l'immobilité et soudain, comme s'il avait envoyé des cartons d'invitation — le garde forestier Louis Fouchs prie le grand dix-cors et ses biches, le coq de bruyère, le faisan doré, l'écureuil et Madame et tous les amis qu'il compte dans la forêt, d'assister à la matinée qu'il donne en l'honneur de son neveu, le Hans du Florival — oui, soudain ils arrivèrent les uns après les autres, pas comme dans les cocktails parisiens en tapant sur le ventre de l'hôte et en se ruant sur le buffet, mais en traversant discrètement la clairière, voire en faisant semblant de ne pas nous remarquer. Seuls quelques oiseaux vinrent se poser sur les épaules de l'oncle Fouchs qui expliqua le ravissant spectacle en disant : « Ils me prennent pour un arbre » ; ce qui, visiblement, le flattait.

A peine fûmes-nous revenus de la forêt que l'oncle

Fouchs m'y ramena. Sur les ailes de la musique. Il me fit entrer dans son bureau où resplendissait un phonographe à pavillon vert. Il me désigna un fauteuil, mit un disque sur le plateau, remonta l'appareil et fit un geste auguste et solennel qui semblait dire : « Que la musique soit ! » Et la musique fut, la musique sortit du pavillon comme la lumière du néant le jour du *fiat lux*, elle était comme une forêt de sons et le Changala devint comme une forêt de frissons. L'oncle Fouchs le regardait, il regardait l'oncle Fouchs et, comme deux amis qui trinquent avec leurs verres, ils échangèrent leurs émotions. Puis l'oncle ferma les yeux, le Changala en fit autant, il se laissa submerger et comme le poète qui écoute avec l'œil, il vit avec l'oreille, il vit les arbres, les cerfs, les biches, les oiseaux. La musique devenant de plus en plus étincelante, il vit même la petite Marguerite Meyer dont les cheveux d'or illuminaient les sous-bois.

Quand le miracle cessa, je veux dire quand le silence revint, l'oncle Fouchs souleva ses paupières et demanda ce que les yeux du Hans avaient vu. « La forêt » répondit simplement le Hans. L'oncle parut satisfait : « Heureux celui qui a des oreilles pour voir ! dit-il. Cette musique est de mon ami Wagner et elle s'intitule « Les murmures de la forêt ». Il y avait dans son regard une lueur qui ne s'allumait pas souvent et qui semblait exprimer de la considération. Sachant qu'il distribuait plus volontiers des injures que des compliments — au vrai, je ne l'avais jamais vu tresser des couronnes à quiconque, sinon aux comtesses polonaises, encore n'était-ce pas à leur tête qu'il les destinait — il me sembla que je venais de monter d'un nouveau degré dans son estime. Je repris l'escalade : « Dans la forêt de votre ami Wagner, j'ai vu aussi le Postillon. » L'oncle arrondit le sourcil : « Je ne vois pas très bien comment il a pu faire passer son équipage entre les sapins mais si tu l'as vu, c'est qu'il était là. » Il ajouta que ça ne l'étonnait pas, que la musique était le royaume des poètes et la poésie celui des musiciens. Le Hans voulut savoir s'il avait d'autres amis que M. Wagner ou M. Lenau. L'oncle sourit. Son bureau en était plein. Il n'avait qu'un livre ou un disque à prendre pour les faire parler ou chanter. Le regard du Hans se fit implorant. Est-ce que l'oncle accepterait d'en faire chanter encore un ?

L'oncle dit : « Je vais te faire entendre mon ami Haydn. On a dit que sa musique se répandait sur le monde comme les oiseaux du ciel au printemps. » Calé dans son fauteuil, le Hans attend que le ciel s'ouvre et libère ses oiseaux... Il ne connaît pas le mot sublime qui ne suffirait d'ailleurs pas à qualifier ce qu'il écoute, ni le mot béatitude qui serait bien trop faible pour exprimer ce qu'il ressent, alors il pleure, tout simplement, il verse des pleurs de joie, et l'oncle Fouchs, qu'on dit plus insensible qu'un crocodile et qui fait tout pour mériter cette réputation, l'oncle Fouchs, saisi par la musique de Haydn et troublé par l'émotion du Hans, laisse filer, lui aussi, une larme qui va se perdre dans sa barbe...

Mais, chose étrange, cette musique semblait familière au Changala. Était-ce parce qu'elle venait du ciel ? Était-ce parce qu'il aurait entendu son père la fredonner ? Le matin, en se rasant et en faisant sa toilette, papa chantait le *Tantum ergo* ou le *Veni Creator* ou d'autres hymnes qui lui ravigotaient l'âme, peut-être était-ce l'une d'elles. L'oncle Fouchs écarta l'hypothèse : ce que le Hans venait d'entendre était l'adagio du Quatuor de l'Empereur dont le versificateur du *Deutschland über alles* avait emprunté l'air. « Il m'étonnerait que ton père chante l'hymne national allemand en se rasant le matin. » Le Hans était atterré. Honte et malheur à lui si son père apprenait qu'il avait pleuré de joie en écoutant le *Deutschland über alles*.

Comme vous avez pu vous en rendre compte, je détestais les Allemands. L'album de la guerre, les propos des anciens combattants, les réflexions de papa, les journaux et les illustrés pour enfants m'en avaient donné des images peu flatteuses. Je les tenais pour des mammifères inférieurs qui se nourrissaient de pain noir et de saindoux. Je les savais affligés de secrétions nauséabondes et je ne doutais pas des affirmations du docteur Bérillon qui soutenait que l'urine allemande était deux fois plus toxique que le pipi français. Je disposais aussi de jugements plus subtils, comme cette réflexion que se plaisait à citer un religieux ami de mon père : « L'Allemand est un sauvage qui rit quand il vous frappe et hurle quand vous le frappez. » Mais c'était un dessin qui avait mis le comble à mon aversion. Il représentait un marmot enterrant de la main gauche la main droite que les

Allemands, experts en mutilation d'enfants, venaient de lui couper. Dessin d'autant plus impressionnant qu'il était de la main (je devrais dire du pied) de l'excellent Poulbot, le plus tendre et le plus spirituel des artistes de Montmartre.

Voilà quelle était mon image des Allemands. Autant dire que je ne me trouvais pas dans les meilleures dispositions pour étreindre la culture allemande. Cela ne découragea pas l'oncle Fouchs de me la faire aimer. Aux inventions de la haine, il opposa la leçon d'amour donnée par Lenau, Haydn et ses autres amis. Après m'avoir guidé sur les sentiers de la sagesse, de la fantaisie, du bonheur, de la forêt, de la musique, il me conduisit vers Goethe, vers Schiller, vers Heine, qu'il appelait les trois grands et auxquels s'ajouta Rainer Maria Rilke qu'il venait de découvrir :

Die Rose hier, die gelbe
Gab mir gestern der Knab'
Heut' trag' ich sie dieselbe
Hinauf sein frisches Grab.

(La rose que voici, la jaune — L'enfant, hier, me la donna. Aujourd'hui je la dépose, la même — Sur sa tombe encore fraîche — Vois, des gouttelettes brillent sur ses pétales — Mais aujourd'hui ce sont des larmes — Et hier c'était de la rosée.)

Magie de la poésie, non seulement je compris les vers dès la première lecture que l'oncle m'en fit, mais je les retins dès la seconde et les sus parfaitement à la troisième. Je les récitai à grand-mère dont les yeux s'embuèrent, à maman qui ne put retenir une larme, à tante Nini qui sanglota franchement, d'abord parce qu'elle était émue, ensuite parce que l'oncle Fouchs lui disait des vers autrefois et ne lui en offrait jamais plus, à Emma II qui eut un petit frémissement de la bouche, comme lorsqu'on va pleurer et qui dit « il faudra prier pour le petit garçon ». Oui, tout le monde fut ému par le poème mais personne ne remarqua comme le Changala maîtrisait une langue qu'il n'avait pas apprise. Heureusement qu'il eut l'occasion de réciter les vers à Marguerite Meyer. Elle ne fut pas insensible au talent de Rainer Maria Rilke mais elle fut encore plus émerveillée par le savoir du Changala.

Le poète préféré de l'oncle (et par conséquent de son neveu) était Heinrich Heine. Il l'aimait pour ce que Nietszche appelait « la musique doucement passionnée » de ses vers et la « divine malice » de son esprit. Il l'aimait pour son lyrisme et pour son ironie, pour sa tendresse et sa férocité. Il l'aimait aussi pour une phrase qu'il avait reprise à son compte : « C'est quand je plaisante que je parle le plus sérieusement. »

Il m'avait expliqué comment Heine entendait le *Deutschland über alles*. Je ne pourrais plus vous dire comment l'oncle Fouchs transmettait ces choses à l'enfant que j'étais. Mais je peux vous recopier les paroles du plus français des Allemands : « Les Lorrains et les Alsaciens se rattacheront à l'Allemagne quand nous finirons ce que les Français ont commencé, la grande œuvre de la Révolution : la démocratie universelle. Quand nous aurons poussé la pensée de la Révolution jusqu'à ses dernières conséquences, quand nous aurons détruit la servilité jusqu'en son dernier refuge, quand nous aurons chassé la misère de la surface du globe, quand nous aurons rendu leur dignité aux peuples déshérités, au génie bafoué, à la beauté profanée, comme nos grands maîtres, les penseurs et les poètes l'ont dit et l'ont chanté et comme nous, leurs disciples, le voulons — alors, ce ne sont pas seulement l'Alsace et la Lorraine mais la France tout entière, mais l'Europe et le monde ainsi sauvé qui seront à nous ! »

Voilà un oncle Fouchs bien cosmopolite, direz-vous. Où est passé l'homme des petites vallées ? Je pourrais répondre que l'oncle n'était pas à une contradiction près. Mais je ne vois pas d'antinomie entre le bonheur du monde et celui du Florival. Au contraire. Pour m'en tenir à notre humble continent, je crois qu'il serait plus facile de faire l'Europe des petites vallées que celle des grands États.

Cela dit, je n'ai pas passé mon enfance à parler de poésie, de musique et de philosophie avec l'oncle Fouchs. J'assumais de grandes responsabilités depuis que j'avais été nommé, par moi-même, shérif de Dauvillers-City. La charge du maintien de l'ordre était si lourde que j'avais dû faire appel au Pierri, ancien hors-la-loi, pour la charge de shérif adjoint. Cela réduisait le camp des bandits au seul Hubert, mais ce pillard spécialisé dans l'attaque des diligences arborait une gueule d'autant plus redoutable qu'une piqûre de guêpe venait de lui fermer l'œil droit. Dieu merci, comme Tom Mix avec son cheval Picratt et Ken Meynard avec son cheval Tarzan, je possédais, en la personne du cheval Hansi, la plus fougueuse monture du Far-West. Malheureusement, le nommé Hansi avait cassé un bras à un commerçant de Guebwiller et plusieurs côtes à l'instituteur de Sengern. Il s'était acquis une telle réputation d'indépendance que le bandit Hubert, pourtant voleur de chevaux, appréhendait de le monter. A dire le vrai, le Changala, ou le Hans, n'était pas chaud non plus. Mais un shérif des États-Unis se devait d'être un cavalier sans peur, surtout ce dimanche-là...

Ce dimanche-là, M. Meyer, directeur de l'école de Lautenbach, avait emmené ses cinq filles et son fils au lac de la Lauch. Au retour, il avait fait escale à Dauvillers pour désaltérer sa famille. Le Changala fut ravagé par l'émotion en voyant Marguerite, dont il était épris depuis plus d'un an. Il se mit à fuir en direction du bois, en priant Dieu qu'elle le rejoigne. Comme elle n'en faisait rien, il revint tourner autour de la gloriette où la fillette et ses sœurs buvaient du sirop de cassis. Il cherchait son regard et détournait les yeux dès qu'il l'avait trouvé. Alors, oubliant le looping qu'il avait fait devant elle quelques mois auparavant, il voulut à nouveau l'éblouir, non plus avec une bicyclette mais avec la prestigieuse collaboration du cheval Hansi qui broutait l'herbe du pré, à quelques pas de là.

Son plan fut vite établi. Arrêter le bandit Hubert, lui mettre la corde au cou, monter à cheval sans lâcher la corde et emmener le gibier de potence sous le pommier le plus proche afin de le pendre haut et court. L'ennui, c'est qu'il était trop court-jambé pour enfourcher Hansi tout seul. Il lui fallait l'aide du bandit. Hubert sembla ravi de lui faire la courte échelle. Comme tous les gamins du Florival, il était amoureux des petites Meyer, et se réjouissait d'avance en songeant à la jolie pirouette que Hansi allait ménager à son rival.

Il fut comblé. Dès qu'il sentit le shérif des États-Unis sur son dos, l'animal se cabra et, dans une envolée de poitrail digne des chevaux de Marly, tenta de désarçonner son cavalier. Le Changala s'accrocha désespérément à la crinière mais aussitôt Hansi renversa la position et ce fut la croupe qu'il expédia dans les airs. La ruade fut fatale au shérif. Il s'envola en décrivant une courbe grandiose dont la trajectoire s'acheva dans l'un des innombrables souvenirs dont cette vache dc Hirschel avait parsemé le pré. Il y plongea la tête la première... Quand il se releva, le masque qu'il avait sur le visage l'empêcha de voir l'effet que sa performance avait produit sur Marguerite. Mais il en fut informé par un rire que je puis dire inextinguible car il m'arrive encore de l'entendre cascader à mes oreilles quand je me remémore mes grandes humiliations.

Mauvaise surprise.
Le suicide sans peine. Le mystère des cornes.
Le peu profond ruisseau. L'enfant modèle.

J'ai raconté, dans *Les tilleuls de Lautenbach*, comment j'ai échappé à la dent des cannibales. Le fait est que j'aurais pu être rôti par eux ; il eut suffi que, devenu missionnaire, je rencontre une peuplade restée friande de chair humaine et que j'échoue à l'évangéliser. Car, missionnaire, j'ai failli l'être, papa ayant, dès l'âge de raison, semé dans ma jeune âme le grain de la vocation. Un grain pareil au grain de sénevé, qui est la plus petite des semences mais qui devient le plus grand des arbres et rassemble sur ses branches tous les oiseaux du ciel. Oui, mon père me prédisait que je serais un jour comme un grand baobab, peuplé de Cafres ou de Zoulous qui, les mains jointes et le nez tourné vers le ciel, chanteraient la gloire de Dieu.

Avant de m'orienter vers l'apostolat missionnaire, il me destinait au clergé séculier et m'initiait inlassablement à la grandeur du sacerdoce. Les boxeurs emploient l'expression « travailler au corps », papa me travaillait à l'âme : « Changala disait-il, il n'est pas de plus grand bonheur pour un famille que de compter un prêtre dans son sein. » Sous-entendu : tu ne peux pas nous refuser ça.

Un jour, pour me récompenser d'être le premier en classe, il m'avait dit : « Changala je vais te faire une surprise ». Ses surprises conduisant plus souvent à la déconvenue qu'au ravissement, je m'en méfiais un peu. J'essayai quand même de deviner ce qu'il me réservait : un ballon, un globe-terrestre, un harmonica... Ou bien, mais je n'osais y croire, Ben-Hur, avec Ramon Novarro qui était depuis la veille à l'affiche du Lumina... « Je t'offre mieux que ça, dit-il, je t'offre le théâtre. » Le théâtre était celui du patronage et papa était probablement le seul, avec les acteurs, à croire que ses représentations avaient quelque chose à voir avec l'art dramatique.

Le Changala aimait trop son père pour laisser paraître sa déception. Il feignit un intérêt très vif et demanda le programme. Papa eût annoncé une représentation du *Misanthrope* par les Sociétaires de la Comédie-Française qu'il n'eut pas arboré un visage plus radieux. « C'est une pièce admirable, dit-il, elle s'intitule *Comment j'ai tué mon enfant.* »

Je m'empresse de préciser qu'il ne s'agissait ni d'un infanticide ni même d'une interruption de grossesse. C'était l'histoire d'une mère égoïste qui ne voulait pas que son fils se fasse prêtre. Mais le fils avait fait son choix : c'était la soutane ou le cercueil. Il va sans dire que sa foi lui interdisait le suicide mais comme on était en 1916 et qu'il se trouvait mobilisé dans la région de Verdun, il lui suffit de sortir un peu la tête hors de la tranchée pour recevoir une balle en plein front. Ainsi Dieu reprit-il à la mère égoïste le fils qu'elle n'avait pas voulu lui donner, ce qui, n'en déplaise aux croyants de l'époque, n'était pas des manières de grand seigneur.

Inutile de vous dire que le chef-d'œuvre m'avait plongé dans un ennui si profond qu'un demi-siècle plus tard il ne s'est pas encore tout à fait dissipé. Ce qui me navra par-dessus tout, c'est qu'en revenant de la salle Saint-Joseph, je rencontrai plusieurs copains qui rentraient, en famille, du Lumina. Tandis que j'essayais de rassembler des mâchoires déplacées par deux heures de bâillements, je lisais, sur leurs visages éblouis, le ravissement où les avait laissés le triomphe de Ben-Hur et l'écrasement de Messala. J'aurais donné n'importe quoi pour échanger le contenu de ma tête contre celui de la leur. Quant à papa, il plaignait les malheureux de s'être laissé berner par les fastes de Hollywood et d'avoir manqué *« Comment j'ai tué mon enfant. »*

Tout ça fortifiait d'autant moins ma vocation qu'elle ne s'était pas encore engagée sur la voie missionnaire. Le Changala se résignait peu à peu au destin du curé de campagne. Il se voyait debout au chant du coq pour dire la messe devant une poignée de bigotes, distribuer sans enthousiasme les divers sacrements, en renonçant lui-même au seul qui l'eût intéressé, à savoir le sacrement de mariage.

Il reprenait courage en songeant aux possibilités d'avancement. Il n'eut point dédaigné la dignité épiscopale et il lui eut même été agréable de coiffer le chapeau rouge du cardinal archevêque de Paris. Mais papa, qui eut été fier de voir son fils vêtu de pourpre, lui rappelait aussi que la grandeur résidait dans l'humilité. Il citait le cas du saint curé d'Ars qui restait treize à quatorze heures par jour enfermé entre les quatre planches de son confessionnal. La confession me laissait divisé : je n'avais aucun goût pour la place de pénitent, j'en ressentais beaucoup en revanche pour le rôle de confesseur. Le récit d'un grand pécheur comme le vampire de Dusseldorf ne devait pas manquer d'intérêt. Quant aux jolies pécheresses comme la cousine Hortense, son doux chuchotement et le soupçon d'héliotrope dont elle parfumait sa contrition devaient monter comme une musique et un encens vers les oreilles et les narines du confesseur. Hélas ! il restait le troupeau des bigotes. De quels mornes aveux, de quelles haleines méphitiques devaient-elles assaillir leur victime ? Ne serait-ce pas à cause du martyre qu'elles ont infligé au curé d'Ars qu'on en a fait un saint ?

A propos de la cousine Hortense, l'évocation de son nom amenait toujours d'étranges sourires sur les visages. Il rappelait aussi de cuisants souvenirs au derrière du Changala. Le mari de la cousine, le cousin Thomas, était voyageur de commerce et le Changala avait maintes fois entendu dire, notamment par papa, que des cornes lui poussaient chaque fois qu'il partait en tournée. Intrigué par le mystère, le Changala en avait demandé l'explication à table, un jour où le couple était venu déjeuner chez nous. La cousine avait quitté la salle à manger sur-le-champ en traitant papa de malotru. Papa eut certainement pris plaisir à corriger Hortense mais c'est au derrière du Changala qu'il délivra la fessée.

La belle cousine inspirait bien d'autres commentaires. « Elle est comme la République, disait Nicolas, rien dans la tête, tout dans la culotte. Mais au moins, elle est belle à voir. » Comme d'habitude le Changala ne comprenait pas. Mais il se gardait bien de demander des précisions. Souvent, l'oncle Fouchs ajoutait son grain de poésie. Il aimait paraphraser les saintes écritures et le faisait toujours avec pertinence et respect : « Heureuses les têtes vides, répliquait-il à Nicolas, car le royaume des cieux est à elles. Mais heureuses aussi les formes pleines, car elles remplissent les mains des enfants de la terre ». Je me garderai bien de renchérir mais ce n'est point pécher que de célébrer les charmes qu'Hortense avait reçus du Bon Dieu.

A présent qu'elle a franchi « le peu profond ruisseau* », c'est la terre qui la possède. Et moi qui suis plus ou moins voltairien, je m'efforce de croire à ce dogme insensé de la résurrection de la chair. Oui, j'espère que la beauté d'Hortense traversera la mort et que sa chair transfigurée retrouvera sa place dans cette patrie de l'amour et de la beauté où nous attend peut-être la vie éternelle.

Bon, voilà que me revient le goût des homélies. On a beau dire, quand on s'est approché tant soit peu du sacerdoce, on garde toujours dans son cœur un petit curé qui sommeille. C'est que le Changala a été à deux doigts de se faire piéger. Son avenir semblait même tout à fait réglé lorsque, prenant son

* *Ce peu profond ruisseau calomnié, la mort* (Mallarmé).

courage à deux mains, il fit comprendre à son papa que la carrière ecclésiastique — offices, sermons, confessions, catéchisme, enterrements — lui semblait un tantinet grisâtre et qu'il eût voulu servir Dieu avec plus d'action, plus de panache, plus d'éclat. Papa ne perdit pas le nord pour autant, au contraire, il défia du regard les quatre points cardinaux, dit parfaitement comprendre qu'un garçon comme le Changala n'était pas fait pour s'étioler dans un presbytère de campagne et déroula devant sa fervente ambition le vaste champ de l'apostolat missionnaire. Il lui fit même entrevoir la chance qu'il pouvait avoir d'obtenir la palme du martyre en lui parlant des innombrables évangélisateurs qui furent scalpés, rôtis, bouillis, hachés menu et bien souvent mangés par les malheureux auxquels ils apportaient la parole d'amour.

Cette fois, le Changala ne pouvait plus reculer : il mordit docilement à l'hameçon, son papa ferra et si nous étions dans une bande dessinée, nous verrions accourir, l'épuisette à la main, le Révérend Père Adolphe Wach, grand pêcheur de petits missionnaires pour son vivier du collège de Blotzheim. Comme il est naturel en Alsace, le sort du futur évangélisateur des forêts équatoriales fut réglé au cours d'un déjeuner d'excellente qualité auquel le père Wach nous convia, papa, maman, le Pierri et moi.

Il faut dire que Papa avait admirablement fait l'article : le Changala était d'une intelligence exceptionnelle, d'une moralité exemplaire, d'une docilité rare, d'une piété sans pareille. Quant à son amour du travail, il était premier à l'école, premier au catéchisme et faisait l'admiration de son professeur de piano. A toutes ces qualités il fallait ajouter une incroyable modestie ; bref c'était de la graine de saint que le collège de Blotzheim allait accueillir à la rentrée d'octobre.

Quelques jours plus tard, pour sa communion solennelle, le Changala reçut une lettre qui le remplit de fierté : « Nous prierons pour notre petit missionnaire afin qu'il fasse une communion comme celle de son patron au soir du Jeudi Saint et qu'il devienne, à sa suite, le disciple qu'aima Jésus. » Signé : Père Wach.

Oui, le Changala bomba le torse et montra sa lettre au Loulou Gatchinez et au Bébert Tirole. Ils éclatèrent d'un rire d'autant plus désobligeant pour un futur saint qu'il ne s'en expliquait pas la raison. Qu'est-ce-qu'ils avaient, ces petits cons ? Il ne comprit qu'en les entendant répéter : « Père Wache, Père Wache, il va t'en faire baver la vache ! » Le malentendu est classique entre les Français de « l'intérieur » et les Alsaciens. Là où l'Alsacien prononce Warr' ou barr', le Français qui ne connaît pas le *ch* guttural prononce vache ou baque. Le petit saint faillit voler dans les plumes des railleurs mais, comme il craignait un peu pour son auréole et beaucoup pour ses fesses, il préféra décocher quelques sarcasmes au révérend père Bidet, de l'ordre des Montfortains, qui venait de temps à autre prêcher à Audincourt. On était mal venu à se moquer d'un père Wach quand on écoutait les sermons d'un père Bidet.

L'automne alsacien est grandiose. Il éclate comme un incendie : la forêt s'embrase, le vignoble s'illumine ; la campagne s'habille d'or et de pourpre, c'est la saison du vin nouveau, des cochonnailles et du bonheur. Il n'y a que deux catégories de malheureux : les cochons qu'on égorge et les enfants qu'on reconduit dans les internats. Le Changala est de ceux-là. L'automne, pour lui, ce sont les feuilles qui tombent, le brouillard qui flotte sur l'étang, la cloche du soir qui répand ses sanglots sur Blotzheim, tout un orchestre de mélancolie qui le plonge dans une indicible détresse.

Papa m'avait accompagné. Nous étions arrivés au début de l'après-midi. Le père Wach n'était plus là pour nous accueillir. Vers la fin des vacances il était parti pour le ciel où l'avait expédié une attaque d'apoplexie. Le Changala en avait conçu du chagrin et de la contrariété. Le père Wach avait promis d'être son protecteur et voilà que son père naturel allait repartir pour Audincourt et que son père spirituel était au paradis. Toujours optimiste, papa le réconforta : là où il est à présent, le père Wach serait encore mieux placé pour s'occuper de lui. Nous fîmes connaissance avec le nouveau supérieur, le père Schneider. Il ne nous reçut qu'un instant, quelques cinquante familles piétinaient devant sa porte pour lui présenter leur petit missionnaire. Il avait un front noble, une barbe blanche et un regard distant qui ne fit qu'effleurer le Changala.

Lorsqu'ils se retrouvèrent seuls, papa dit : « Tu ne trouves pas qu'il ressemble au président de la République ? » Le Changala n'avait pas le cœur à plaisanter mais il ne put retenir un sourire : le père Schneider était le troisième pôle tout craché. Papa leva le sourcil. Que signifiait cette expression ? Le Changala expliqua qu'il y avait trois pôles : le pôle Nord, le pôle Sud et le Paul Doumer. Papa n'eut aucune peine à déceler l'origine de la plaisanterie : elle venait de l'oncle Nicolas qui la tenait probablement des mécréants du *Canard enchaîné*. Car, si le tonton était un inconditionnel de l'Action Française où on vénérait l'église même quand elle vous rejetait de son sein, il appréciait aussi, par un paradoxe très alsacien, l'hebdomadaire satirique. Certes, le *Canard* ne dédaignait pas le steak de curé ou l'escalope de séminariste, mais son gibier favori était le Herriot, le Painlevé, le Laval et autres vieux sangliers des souilles politiques. Quant à élever le chef de l'État au rang d'un pôle, ce n'était pas insinuer que la terre tournait autour de lui, ce n'était qu'évoquer son aspect boréal. Il faut dire que le président à la triste figure n'avait rien d'un plaisantin : il avait perdu trois fils à la guerre, inauguré son septennat par des incendies, des naufrages et des catastrophes aériennes, avait offert deux têtes au bourreau pour la fête de Noël et se trouvait lui-même promis au pistolet de Gorguloff. On avait beau présenter la chose avec humour, la ressemblance du Père Schneider avec le frissonnant personnage donnait la chair de poule. Cela dit, papa crut devoir mettre le Changala en garde : le *Canard enchaîné* était une feuille impie et, si son oncle ne rougissait pas de le lire, c'est qu'il avait déjà, sans doute inconsciemment, des opinions cramoisies. On n'imaginait pas un sacristain pactisant avec des mangeurs de curés… Le Changala approuva respectueusement son papa. Mais il se mit à songer aux cannibales du *Canard* et au plaisir qu'il aurait à ramener cette peuplade au vrai Dieu. Il lui semblait qu'exercer son apostolat au cœur de Paris, capitale du vice, témoignerait de plus de courage encore que de catéchiser les sauvages de la brousse. Mais l'idée était encore trop neuve pour qu'il s'en ouvre à son papa.

Honneur lourd à porter.
Les durs et les doux. Le cœur entre les dents.
Le dortoir aux soupirs.

Quand l'heure de se quitter fut venue, Papa posa la main sur l'épaule du Changala : « Eh bien ! te voilà un homme mon fils. Il ne te reste plus qu'à devenir un homme de Dieu. Mais je te connais, tu seras l'honneur de notre famille ! »

Que se passa-t-il ? L'homme fut pris d'un impérieux désir de redevenir enfant, de renier Dieu et de déshonorer les siens. Il serra les dents à se faire éclater les mâchoires pour ne pas répondre à son père qu'il ambitionnait d'être ramoneur, tondeur de chiens ou rempailleur de chaises, tout ce qu'on voudrait mais pas missionnaire, pas missionnaire... Papa était trop ému lui-même pour lire dans le regard du Changala. Il répéta « Tu seras l'honneur de la famille » et embrassa son fils. Pendant qu'il tournait la manivelle de la dix-chevaux, le Changala supplia le moteur de faire le mort mais le traître refusa de trahir et se mit à pétarader comme jamais. Papa prit place au volant, fit un petit geste de la main, le Changala répondit par un adieu plus étriqué encore et la voiture disparut dans le brouillard du soir.

Si je vous dis que le cœur du Changala se brisa,

j'espère que vous accepterez le poncif car ce fut exactement ce qui arriva : une moitié fut emportée par la voiture, l'autre se mit à saigner sur le bord de la route.

C'est alors que le père Goepfert, qui surveillait la scène depuis le portail, s'approcha de moi. C'était un petit homme trapu dont la barbe buissonnait jusque dans les oreilles. Il me prit contre lui et dit en dialecte : « Hiel, beiwala, hiel ! » (Pleure, petit garçon, pleure !) Sa vieille soutane sentait le tabac, la sueur et l'Afrique. Les sanglots dont le Changala l'arrosa devaient le mouiller jusqu'au cœur qui était, d'ailleurs, le contraire d'un cœur sec. Quant au visage poilu et plutôt laid qu'il penchait sur moi, il prenait par instant une douceur maternelle.

C'est qu'il était gentil, le père Goepfert. Seulement je n'étais pas le seul enfant abandonné et ça pleurait dans tous les coins. Il rassembla une demi-douzaine de désespérés et les confia à un ancien qui était entré au collège à neuf ans et qui allait en avoir douze. Le vétéran nous conduisit à la lingerie où nous déposâmes notre trousseau. Mes chemises et mes caleçons portaient, élégamment brodé par maman, le chiffre 212 qui, me fit remarquer la bonne sœur qui les réceptionna, était le numéro de la cellule que le général Sanjurjo occupait à la prison de Madrid. Je ne connaissais pas ce militaire et ne savais pas si je devais me glorifier d'être assimilé à un général ou rougir de voir mes nippes marquées du numéro d'un taulard. J'appris par l'oncle Nicolas, qui me rendit visite quelques semaines plus tard que je pouvais être fier : le général José Sanjurjo était en prison pour avoir fomenté, malheureusement sans succès, un soulèvement contre la République qui, pour être espagnole, ne valait pas plus cher que les autres.

Nous nous retrouvâmes au dortoir où l'ancien, qui s'appelait Henri, m'apprit à faire mon lit. Les couchettes de mes camarades présentaient des couvertures grises ou marron et témoignaient d'une austérité monacale. Maman m'avait doté d'une literie de satin jaune — couverture matelassée, édredon de fin duvet — qui évoquait plutôt le délassement de la cocotte que le repos du missionnaire. En tout cas, je ne me voyais guère déployant ces merveilles sous une hutte sénégalaise et je me sentais un peu gêné vis-à-vis des copains. Mais ils admirèrent sincèrement l'éclat de la couleur jaune et la douceur du satin.

Mon voisin était un tout petit bonhomme de neuf ans. Son visage avait une pâleur étrange et sa silhouette manquait totalement d'épaisseur. Vous auriez dit un papillon du XVIIIe siècle qu'un lépidoptériste, ami de Diderot, aurait mis à sécher dans un volume de la Grande Encyclopédie et qui, réveillé par miracle, voletait de lit en lit en quête d'informations sur l'heure et la composition du prochain repas. Il portait sans ostentation le patronyme de Crétin.

Les petits missionnaires sont à l'image des autres humains. Il en est qui sont durs et ceux-là disaient : « Fous-nous la paix, Crétin, tu verras bien ! » Il en est qui sont doux et ceux-là répondaient gentiment, ou bien tendaient au boulimique une barre de chocolat. Mais la faim de Crétin ne se laissa pas tromper et renaquit dès la barre engloutie. Changala le secourut de quelques caramels lorsque sonna la cloche du repas. Celui qui n'est pas entré dans un réfectoire de collège un soir de premier octobre manquera toujours d'une certaine expérience du malheur.

Ce fut d'abord le choc olfactif, l'épaisse odeur de la cuisine collective qui souleva le cœur du Changala. N'eût été l'effet répulsif de la vaisselle de fer, le viscère du petit délicat sautait dans son assiette. Il parvint à le retenir entre ses dents pendant le *Benedicite*, mais ne put résister à l'arrivée du potage, un bouillon de viande grouillant de vermicelles qui était ce qu'il détestait le plus au monde. Il eut été capable de bouffer du foin, des orties, du savon, un numéro de l'Action française ou du poisson cru, mais à la vue de cette soupe aux asticots il baillonna sa bouche à deux mains et se précipita vers l'étang qui baignait le domaine et qui seul offrait une cuvette assez vaste pour vomir son dégoût.

Le bon Père Goepfert, qui présidait au repas sur l'estrade du réfectoire, avait à nouveau remarqué sa détresse. Il courut après lui, l'aida à rendre l'âme et le reste, l'emmena dans sa chambre et débarbouilla maternellement son visage. Il était rentré du Gabon après dix ans d'absence pour prendre le poste de préfet des études à Blotzheim. Il lui parla de Mamadou Sikouloumé qui était un Changala de la brousse gabonaise et qui eût été bien heureux de manger ce que le petit Alsacien avait vomi. Le Changala eut un nouveau haut-le-cœur. Non seulement il ne supportait pas que Mamadou fît des repas répugnants mais il ne demandait qu'à le couvrir de vermicelle, de tapioca, de fraise de veau, de pieds de cochon et de toutes les nourritures qu'il abominait. Se rendant compte que cela ne suffisait pas à faire un bon missionnaire, il se déclara prêt à partager également les bonnes choses, voire à quitter Blotzheim sur-le-champ pour aller ravitailler Mamadou. Un sourire traversa la barbe du père Goepfert. Quitter Blotzheim ? Mais il venait à peine d'arriver. Le Changala ne dit rien. Mais si le père avait pu deviner combien il avait envie de repartir, s'il avait pu savoir à quel point cet oiseau-là détestait la captivité, il n'aurait pas perdu son temps avec lui, il lui aurait ouvert sur-le-champ la porte de la cage.

Au lieu de cela, comme il n'était pas question de le ramener vers la soupe de vermicelle, il le conduisit au dortoir en lui prodiguant toutes sortes d'encouragements : « Tu verras, quand tu auras bien faim, la cuisine de nos chères sœurs te semblera délicieuse. Je sais aussi que tu es intelligent et travailleur et combien tu as à cœur de plaire à Notre Seigneur et à ton papa en devenant un bon missionnaire. »

Le Changala écoutait sagement. Il semblait même approuver. Mais encore une fois, si le père Goepfert avait pu lire dans ses pensées, il aurait découvert qu'elles étaient du genre « cause toujours » et que le petit missionnaire n'avait déjà plus qu'un désir, c'était de retourner dans le civil.

Le Père lui promit un avenir grandiose, lui tapota gentiment la joue, lui recommanda de bien faire sa prière et le laissa seul dans le grand dortoir. Quand ses camarades arrivèrent à leur tour, il fit semblant d'être endormi. Il observa de nouveau la différence entre les durs et les doux, entre ceux qui parlaient fort et faisaient du ramdam et ceux qui chuchotaient et prenaient mille précautions pour ne pas le réveiller.

Crétin qui, sortant de table, avait faim et le faisait savoir, fut houspillé par les uns et secouru par les autres. Lorsque, à neuf heures, le caporal de chambrée — pardon, le responsable du dortoir éteignit les feux, il y eut beaucoup de détresse chez les doux. Le Changala la perçut parce que lui-même s'en trouvait accablé. Il ne supportait pas d'être si loin de sa maman. Sa souffrance était d'autant plus intense qu'il la savait malade et menacée. Peut-être allait-elle mourir pendant que son indigne fils s'occupait à fournir des vermicelles aux Gabonais. Dans le dortoir, les doux devaient éprouver des chagrins analogues car on entendait des soupirs et des reniflements. Chez Crétin, son minuscule voisin, cela se traduisait par des couinements de lapereau effrayé. Que faire quand on est enseveli dans le malheur, sinon se trouver un compagnon d'infortune ? La lune éclairait le dortoir. Le Changala vit la petite main de Crétin qui pendait hors du lit. Il la prit. Elle se crispa aussitôt dans la sienne. Puis elle s'abandonna et demeura blottie dans le creux de sa paume. Et cette paix que le Changala donnait au petit bonhomme, il la sentit qui refluait vers lui.

A présent que je me rappelle tout ça, je me demande si je n'avais pas, quand même un brin de vocation.

Cruels matins. Enurésie. Barberousse.
Cœur d'or. Les beaux pieds. Leçon de modestie.
Pour qui me prenez-vous ?

C'est la fête à Lautenbach. Il y a un grand chaudron devant l'église. Le père Goepfert est assis dedans. Il y a foule autour de lui. Perché sur les épaules de Nicolas, le Changala contemple la scène mais ne la comprend pas. Il interroge son oncle. Nicolas dit : « Ce sont les nègres qui cuisent un missionnaire. Naturellement la république anticléricale et athée laisse faire ! » On entend des voix graves scander des incantations. Ce sont les anthropophages qui entonnent les chants rituels. Le Changala prend peur. Il pousse des cris. Les cris le réveillent. Il met un certain temps à reconnaître les lieux. Il se souvient qu'il est à Blotzheim. Il s'y résigne si mal qu'il se demande s'il ne serait pas mieux en pays cannibale.

Les incantations continuent. Le Changala comprend : cela vient de la chapelle où les religieux sont rassemblés pour les matines. Tous les jours, leur aubade au Seigneur va réveiller, longtemps avant la cloche, un certain nombre de marmots qui n'ont que le sommeil pour oublier la dureté de leur enfance. J'ai l'air de protester mais, à tout prendre, ce réveil en douceur était moins cruel que les coups donnés en pleins tympans par une cloche qui se trouvait, elle aussi, à l'entrée du dortoir. Le père qui présidait au supplice le comprenait si bien qu'il faisait un raffut de tous les diables avant de le déclencher, allant, venant, battant la semelle, soufflant dans son mouchoir comme dans un cor de chasse et toussant comme trente-six dames aux camélias. Mais enfin, il fallait bien la tirer, cette sacrée cloche et, à cinq heures et demie, tandis que des millions de bienheureux du même fuseau horaire restaient plongés dans les délices du sommeil, le Changala et ses petits copains étaient sommés de se mettre debout. Alors intervenait l'horreur absolue : celle que ressent, dit-on, l'enfant arraché aux entrailles maternelles pour être précipité dans la vie.

Voilà comment le Changala va revivre, chaque jour, le traumatisme de sa naissance. En ce premier matin, la nouveauté de la chose l'empêche de savourer pleinement son malheur. Le responsable du dortoir invite les futurs missionnaires à ouvrir les fenêtres et aérer les lits. Crétin met une mauvaise volonté évidente à découvrir le sien. Il lambine, il musarde, il tourne autour, il laisse visiblement venir... Et qui vient ? Le responsable. Et que fait-il ? Il arrache les couvertures et met à jour, sur le drap, une tache d'humidité dont les dimensions évoquent la carte des États-Unis pour ne pas dire celle de l'Union soviétique.

Ricanements chez les durs. Compréhension attristée chez les doux. Aux affres de la boulimie, mon minuscule voisin ajoute les tourments de l'énurétique. Il est si pitoyable que le Changala est fortement tenté d'échanger ses draps contre les siens. Arrive le Père Ritter alerté par les durs. Crétin n'a pas de mal à se faire tout petit. Sa détresse émeut le religieux. Il prend les draps inondés et dit : « Sœur Marie-Babette va nous arranger ça ! » Le Changala ressent un immense élan de tendresse pour cette sœur inconnue qui porte le même nom que sa maman et dont la miséricorde va faire disparaître, mieux que nos lessives miraculeuses, le pipi et la honte de Crétin.

Pour ce qui est de la honte, ça va déjà mieux, car il demande l'heure du petit déjeuner. Mais l'emploi du temps ignore la boulimie et prévoit des plaisirs moins évidents. Débarbouillage à l'eau froide du visage et du cou avec fignolage des oreilles. Pour ce qui est du corps, la décence passe avant la propreté.

A six heures : études. Aujourd'hui lecture libre parce que c'est le premier jour. Mais demain, *rosa* la rose, *rosae* de la rose et les autres nous attendent toutes épines dehors.

A sept heures : messe. Le Changala sait qu'elle recommence la Cène avec une piécette de pain azyme qui devient le corps du Christ et une gouttelette de vin qui devient son sang. A côté de lui, Crétin étouffe un bâillement après l'autre. Il lui tarde visiblement de prendre un repas moins mystique. Ça y est : à huit heures moins le quart, les futurs missionnaires pénètrent enfin dans le réfectoire. Le Changala est heureux de voir Crétin se ruer sur le pain sec et le café au lait. Lui-même sent à nouveau son estomac lui remonter entre les dents. C'est le goût de la vaisselle de fer qui l'a tant écœuré la veille. Il fait signe à Crétin : qu'il prenne sa part et bouffe le bol avec. Crétin ne se fait pas prier. S'il n'a pas suivi la seconde injonction, c'est pour laisser quand même quelque chose au Changala.

Après une courte récréation, nous faisons connaissance du Père Kieffer, qu'on surnomme Barberousse mais qu'on pourrait aussi bien appeler œil de feu, car son regard et sa barbe sont également flamboyants. Est-il bon ? Est-il méchant ? Disons qu'il est professeur de latin, de mathématiques et de français, ce qui ne prédispose pas à la tendresse. Les clichés disant bien ce qu'ils veulent dire, sa classe était de celles où l'on entend respirer les mouches.

Le père Simon avait une barbe d'or et le cœur à l'avenant. Vingt ans durant il avait promené l'une et l'autre à travers le Cameroun. A présent, il enseignait l'allemand. Dès la première question, des rafales de questions et de rires montèrent vers son estrade. Il ignorait les rires mais répondait aux questions, ce qui faisait régner un charivari permanent. Mais si, sauf le respect que je lui garde, le père Kieffer s'habillait volontiers d'une peau de vache, le père Simon avait un cœur d'agneau. Je ne sais pas si les autres l'aimaient autant que moi ; en tout cas ils ne l'aimaient pas davantage. Quand il penchait sur moi sa silhouette de gros ours pataud, j'avais envie de lui sauter au cou.

Après s'être écorché à la *rosa* latine avec le père Kieffer, après avoir découvert, grâce au père Simon, qu'il faisait de l'allemand sans le savoir — eh oui ! qu'est-ce que l'alsacien sinon de l'allemand bien en chair ou qu'est-ce que l'allemand sinon de l'alsacien décoloré — le Changala se retrouve au réfectoire pour le repas de midi. N'ayant pratiquement rien avalé depuis vingt-quatre heures, il a l'estomac aussi béant que celui de Crétin. Il n'empêche qu'il opposera une *faim* de non recevoir — admirez l'astuce — à toute nourriture du genre potage aux vermicelles.

Mais ô miracle, dès son entrée dans la salle, il a repéré une odeur qui, pour être forte, n'en est pas moins amie, celle des frites. Il adresse un regard de reconnaissance au crucifix du réfectoire quoique le Christ souffrant n'y soit évidemment pour rien... Le Christ non, mais le père Goepfert... qui sait ? Hier, mine de rien, il lui a demandé : « Si tu n'aimes pas les vermicelles, le tapioca ou la fraise de veau, alors qu'est-ce que tu ne détestes pas ? » Le Changala aurait pu faire une énumération infiniment plus vaste et plus brillante mais il avait spontanément répondu : les frites. Je ne dis pas que le Père Goepfert intervint auprès des bonnes sœurs pour qu'elles modifient leur programme gastronomique, ce serait absurde, mais il me plaît de le supposer.

Une autre surprise attend le Changala. Une surprise qu'il peut même considérer comme un honneur. Il est de corvée de lecture. Pendant que ses petits camarades vont se régaler de frites, il va s'installer en chaire et leur lire un livre pieux. Le but de l'exercice n'est pas de freiner l'appétit — comment le pourrait-on ? — ni de fortifier la ferveur — quoi de plus accablant qu'un livre pieux ? — non, c'est une tradition monastique qui d'ailleurs se déroule dans l'indifférence générale. Pourquoi a-t-on choisi le Changala ? Peut-être parce qu'il est le seul élève à ne pas être affligé de l'accent alsacien[1] et que, lorsqu'on dispose d'un phénomène aussi exemplaire, on est tenté de le proposer en exemple. Peut-être aussi parce que, pour le récompenser de sa patience et de ses efforts, le lecteur, sa corvée faite ou sa mission accomplie, se voit servi à part et à gogo, ce qui est particulièrement intéressant un jour de frites.

L'après-midi se partage, comme la matinée, entre la salle de classe et la chapelle, autrement dit entre l'étude et la prière. Nous faisons connaissance avec le père Vogel qui se présente ainsi : « Je suis le père Fog'l. Alors ne m'appelez pas Vogèle. Ou si vous tenez absolument à dégermaniser mon nom, appelez-moi Père Oiseau ! (Vogel pour qui ne le saurait pas se traduit par oiseau). Ses yeux sombres, sa barbe presque bleue m'ont séduit sur-le-champ. Le Père Vogel — faites plaisir à son ombre et prononcez Fog'l — m'a rappelé l'oncle Fouchs. Sauf que le missionnaire était un oiseau du Ciel et que l'oncle évoquait plutôt un oiseau fabuleux, quelque bâtard de l'aigle, oiseau de Jupiter, et de la colombe, oiseau de Vénus.

Le Père Vogel enseignait le catéchisme. Il me semblait que ce n'était pas le même que celui que nous apprenait l'abbé Posty à Audincourt. Au vrai,

1. Pourquoi affligé ? Il en vaut bien un autre (note de l'auteur qui, parfois, réfléchit à ce qu'il dit).

l'un se servait du catéchisme du diocèse de Strasbourg qui était sans images, l'autre de celui du diocèse de Besançon qui était illustré, notamment par une représentation de l'enfer qui tourmentait par avance le misérable pécheur qu'était le Changala. On y voyait des diables horriblement cornus précipiter dans des chaudrons bouillants des damnés sans doute encore plus maudits qu'eux. La différence, c'est que les cours de l'abbé Posty étaient chargés d'éclairs et de tonnerre, alors que ceux du Père Vogel évoquaient plutôt la paix d'après l'orage, lorsque le ciel purifié et redevenu calme et bleu, les oiseaux recommencent à chanter. Comme la plupart des Alsaciens, il croyait davantage au ciel qu'à l'enfer.

Cela dit, il y avait des péchés avec lesquels, comme le Seigneur lui-même, il ne badinait pas. J'ai retrouvé dans le cahier jauni où sont recopiées ses premières leçons un paragraphe dont chaque ligne est soulignée de rouge :

« Quelques péchés sont si révoltants qu'ils provoquent davantage la colère de Dieu. On les appelle péchés qui crient vengeance au Ciel. Ce sont principalement :

1. L'homicide volontaire,
2. L'oppression des veuves et des orphelins,
3. La retenue du salaire dû aux ouvriers. »

Je suppose qu'en vingt ans de colonies, comme on disait alors, le Père Vogel avait dû entendre plus d'un cri monter vers le ciel.

Si bien que j'ai un peu honte d'étaler mes malheurs de jeune captif. La dernière épreuve de cette première journée se présenta au réfectoire sous la forme d'un plat de nouilles dont l'infinie tristesse ravagea de nouveau l'âme du Changala. Il chassa de la main l'odeur qui s'en échappait. Crétin prit le geste pour une offrande, se rua sur l'affligeante mangeaille et permit au Changala de transformer son dégoût en générosité. Il était temps : les copains commençaient à regarder de travers ce petit con de l'intérieur, qui semblait vouloir leur donner des leçons de raffinement.

Après le repas, courte récréation. Crétin, dont l'estomac est déjà redescendu dans les talons, fait des pronostics pour le repas du lendemain. Voyant qu'il se régale par avance, le Changala l'aide à nourrir son imagination et compose un menu qui laisse le marmot au bord de la béatitude. A ce propos, autant le dire tout de suite : les prévisions du Père Goepfert vont se vérifier : encore quelques haut-le-cœur, encore quelques grimaces et le Changala finira, sinon par être gourmand de la cuisine des bonnes sœurs, du moins par s'y accoutumer, ce qui réduira notablement son soutien à Crétin.

Un dernier coup de sifflet et on se retrouve à la chapelle pour la prière du soir. Épuisé par quatorze heures d'études et d'oraisons, le Changala a du mal à garder ses mâchoires rassemblées. Mais la journée n'est pas finie. Les futurs missionnaires gagnent le préau où chacun dispose d'une petite case où il range ses chaussures et ses sabots. Il prend les unes et les autres et, durant un quart d'heure, les astique en silence avant de rejoindre le dortoir.

On lit dans Isaïe : « Qu'ils sont beaux sur les montagnes, les pieds de celui qui apporte de bonnes nouvelles. » Or, qu'est-ce qu'un missionnaire, sinon le messager de la nouvelle bonne entre toutes. C'est parce que ses pieds ne sont jamais assez dignes de leur mission qu'il doit les maintenir en beauté. Cette explication de l'étrange usage m'est venue en écrivant ces lignes. Je la livre aux petits élèves de Blotzheim. Si toutefois — le monde est si changeant — ils font toujours reluire leurs godillots.

Je l'avoue à ma honte, c'est de haut et même de très haut que j'ai commencé par regarder mes petits camarades. Un peu comme un noble de jadis toisait les manants. Certes, j'étais Alsacien comme eux, mais je vivais surtout dans « l'intérieur ». Je n'avais pas l'accent, du moins pas l'accent alsacien, parce que le franc-comtois me collait aux mandibules et je vous assure qu'il est gratiné. Enfin, ayant déjà derrière moi une longue carrière de premier de la classe, je passais pour un très brillant sujet.

Parmi les élèves qui m'inspirent de la condescendance, pour ne pas dire de la pitié, comme Crétin, il y a mon voisin Barnholzer. Il a le visage gris, le nez qui pèle, les oreilles longuettes, la voix mal assurée, la silhouette chétive, les vêtements plus ou moins ravaudés, bref, il m'attendrit et le fin psychologue que je suis sent aussitôt que le malheureux aura besoin de secours. Je me promets de le soutenir, de lui témoigner patience et gentillesse, je lui soufflerai, je lui expliquerai ce qu'il ne comprendra pas, je l'aiderai à faire ses devoirs, je le laisserai même copier sur moi.

Quelque temps plus tard, le Père Kieffer rend les compositions françaises. Premier : le Changala qui accueille la plus haute note avec le détachement d'un habitué des sommets. Il est presque agacé par les compliments du Père Kieffer. Allons, allons, on le sait bien qu'il est un aigle. A présent, que Barberousse descende dans la vallée et qu'il nous dise ce qu'ont fait les moineaux. Barberousse continue : « Premier *ex aequo...* » Il retient son souffle... Le Changala aussi. C'est une plaisanterie ou quoi ? Qui ose l'égaler ? Barberousse le dit : « Premier *ex aequo :* Barnholzer. » L'aigle tombe des nues. Pas possible ! Pas ce minus. Barberousse enfonce le couteau : il a mis 15 au Changala parce que son devoir est le mieux écrit, et 15 à Barnholzer parce que sa composition est la plus originale. Mais ce n'est pas tout : voilà notre aigle qui se déplume à vue d'œil car Barberousse a encore mis 15 à un nommé Wasser et 15 à un nommé Keppi. Et ce n'est pas fini. Si le Changala vole encore assez haut en version latine, il bat de l'aile en thème et dégringole vertigineusement en mathématiques. Lui qui se proposait d'aider Barnholzer, voici que c'est Barnholzer qui lui explique, avec cette gentillesse protectrice que le Changala tenait prête pour lui, les difficultés du p.p.c.m. et du p.g.c.d. Bref, le Changala découvrait, avec tout le monde, qu'il était un élève tout à fait moyen.

C'est sur un autre plan qu'il va se distinguer. Cela s'est produit dans la cour de récréation. Le Changala s'y promenait avec son ami Pierre — il y a des coups de foudre en amitié comme en amour et c'est un de ceux-là qui avait rapproché les deux garçons. Pierre, qui était plus grand que le Changala, le tenait fraternellement par le cou et l'écoutait parler de sa maman. C'est alors qu'une chanson s'éleva tout près d'eux : *Ne pleure pas Jeannette, nous te marierons...* C'est une chanson d'avant le rock mais vous la connaissez sûrement, sinon je vous la résume : Jeannette pleure parce qu'elle a perdu son ami Pierre ; on lui dit de ne pas s'en faire, qu'on la mariera avec le fils d'un prince ou celui d'un baron, mais elle ne veut pas, Jeannette, elle veut son ami Pierre, celui qu'est en prison. Les chanteurs sont deux petits chérubins ou deux petites vipères, ou plus probablement un mélange des deux (je ne sais pas ce qu'ils sont devenus, peut-être des missionnaires, peut-être des pères de famille, peut-être des prêtres intégristes, peut-être des morts, peut-être des saints), toujours est-il que Pierre devint cramoisi en comprenant que c'était nous que les petites vipères chansonnaient, nous qu'elles assimilaient à Pierre et à Jeannette ; moi, je n'avais pas saisi tout de suite, qu'on identifie mon ami Pierre à celui de la chanson, je pouvais encore l'admettre puisque c'était son nom, mais qu'on transforme le Changala en Jeannette, merde alors, mon honneur ne pouvait accepter ça...

Les vipères poursuivaient le récital : « Tu n'auras pas ton Pierre, nous le pendouillerons ! » Il n'est pas d'usage de se flanquer des gnons entre missionnaires, mais Pierre et moi, nous fîmes le geste de ramasser un gros paquet de châtaignes et nous nous dirigeâmes vers les duettistes qui prirent la tangente en chantant

« Je suis chrétien ». Mais ils maintinrent *Pierre et Jeannette* à leur répertoire, veillant toutefois à garder une distance prudente entre nos pieds et leurs fesses, avant de prendre le risque de la fredonner.

J'ai parlé de coup de foudre tout à l'heure. Cela demande à être nuancé. A dire le vrai, c'est Pierre qui m'a offert son amitié. Il n'a pas été le seul. J'ai vu venir à moi plus d'un petit missionnaire. Autant dire que j'exerçais une indéniable séduction sur certains camarades. J'avais l'âme assez noire, vous avez dû vous en rendre compte, mais mon apparence était plutôt du genre angélique. Oh ! je n'étais pas beau. Ayant finalement surmonté mes dégoûts et m'empiffrant de féculents, j'étais même devenu un tantinet bouffi. Mais mon teint diaphane et ma peau veloutée tranchaient sur l'épiderme de la plupart des copains, qu'avait cuit et recuit le soleil qui dore les vignes et les blés alsaciens. J'avais aussi quelques bouclettes qui accentuaient — disons le mot puisqu'il paraît que tous les enfants traversent une période d'androgynat — une féminité tout à fait transitoire. Et la douceur féminine, c'est ce qui manquait le plus à ces petits mâles qui n'avaient pour maman, petites sœurs et petites amies, que ces missionnaires barbus qui sentaient davantage la savane que le boudoir.

Pourquoi le Changala — pour ne pas dire la Jeannette — aurait-il refusé une amitié, une tendresse, une protection et des friandises qu'on lui offrait si spontanément ?

Cela dit, rien de « particulier » dans ces relations, point de geste équivoque, point de propos douteux.

Non seulement les petits missionnaires étaient chastes comme des carmélites mais leur langage restait incroyablement décent. Je dis « incroyablement » parce que le dialecte alsacien est rabelaisien en diable et que, n'en déplaise aux pisse-froid, le vocabulaire du ventre et des organes reproducteurs y tient une place infiniment plus large que celui de la métaphysique ou de la spiritualité. Or, il eut au moins fallu que Barnholzer se cassât une omoplate ou un fémur en tombant pour qu'il consente à dire merde ; quant aux histoires grivoises et aux propos scatologiques, ils étaient rigoureusement bannis de nos conversations. Comme l'était toute allusion au sentiment amoureux.

Le beau sexe n'avait accès au collège de Blotzheim qu'en la personne de la Vierge Marie ou celle de Sainte-Thérèse de l'Enfant Jésus. Je suis pourtant persuadé que plus d'un futur missionnaire avait une petite fille dans son cœur. Si on avait ouvert celui du Changala, on en aurait trouvé deux dans les oreillettes et deux dans les ventricules, sans parler de la petite Meyer qui avait un bail pour les quatre pièces mais qui, se sachant préférée, acceptait gentiment de faire une place à d'inoffensives rivales, autrement dit à Yvette qui avait le visage un peu chiffonné de Mirna Loy, à Muguette qui ressemblait à Dita Parlo et à Jeanine, qui n'était le sosie de personne mais qui avait des yeux de princesse orientale. Oui, le Changala aurait eu beaucoup de choses à dire, mais quatorze heures d'oraisons et de travail quotidien ne le disposaient guère aux confidences, le laissant aussi fatigué pour en faire que pour en recevoir.

Alors, sa journée de petit galérien terminée, il se fourrait sous les couvertures et lâchait la bride à ses rêves et à ses obsessions. Adieu Jeannette ! Si vous avez cru, un seul instant, déceler en lui le plus imperceptible penchant aux amitiés particulières, c'est le moment de vous détromper. Sa gamberge se déroulait sur deux plans. Un plan franchement érotique : il revivait les moments les plus chauds des vacances, qui allaient de l'exhibition-éclair du berlingot de la sans-culotte aux démonstrations plus poussées du cousin Pauli, chirurgien bien connu des petites filles du Florival. Il les emmenait dans les granges pour les opérer de l'appendicite, pas les belles, bien sûr, les pas très jolies, voire les franchement moches, heureuses d'avoir quand même quelque chose d'intéressant à montrer aux garçons. Le Changala avait été son assistant plusieurs fois, il dénudait le ventre de la patiente et, avec un mouchoir imbibé de salive, stérilisait la zone à inciser. Naturellement, il en profitait pour loucher vers la région voisine. L'opération terminée, il n'était pas rare que le chirurgien emmène la patiente tout au fond de la grange, sous prétexte de la passer aux rayons X ; comme les rayons étaient dangereux, il exigeait de pratiquer seul... Quelques instants plus tard, le Changala entendait des cris qui exprimaient indiscutablement le refus — « non, non, je ne veux pas » — et le Pauli reparaissait seul, cramoisi de colère : « Ah ! c'est bien les femmes, grommelait-il. Elles se laissent opérer de l'appendicite sans rien dire et elles gueulent quand on veut les passer aux rayons X. » Le Changala faisait semblant d'être dupe, mais il savait bien pourquoi le Pauli emmenait la Louise ou la Suzanne au fond de la grange, c'était pour leur faire des enfants.

Puis, quand il s'était suffisamment grisé d'images polissonnes, le Changala prenait de l'altitude, c'est le cas de le dire : il montait, avec Marguerite, dans l'avion qu'il s'était fait construire avec les millions gagnés à la loterie nationale, avion qu'il avait baptisé le *Vergiss-mein-nicht*, en l'honneur de la petite Meyer qui avait, comme vous le savez, des yeux couleur de myosotis.

Il avait confié le pilotage et la navigation à ses amis Wasser et Keppi. Quant à Barnholzer, il l'avait installé dans la queue de l'appareil et lui avait confié l'emploi de cuisinier-steward, une façon comme une autre de rabattre le caquet du premier *ex aequo*. C'est ainsi que la petite Meyer et lui, tendrement serrés l'un contre l'autre en leur nid d'amoureux, tournaient tous les soirs autour de la planète.

Malheureusement, son voisin Crétin — le boulimique, l'énurétique — était également affligé de végétations et ronflait comme une escadrille... Le vacarme eût pu, à la rigueur, servir de fond sonore au vol du *Vergiss-mein-nicht* mais les copains du dortoir, réveillés en sursaut par un ronflement plus strident que les autres, envoyaient leurs oreillers sur la gueule de Crétin, ce qui rompait définitivement le charme.

Alors le Changala redescendait en piqué vers le sol

et se retrouvait, sans Marguerite et sans avion, dans le dortoir de Blotzheim. Avec pour tout avenir la perspective d'une case un peu plus confortable que les autres, au pays de Mamadou Sikouloumé. Une case sans amour où Marguerite ne viendrait jamais, où sa condition de missionnaire lui interdirait même de jouer avec les négresses ; tout ce qu'il pourra faire, c'est lorgner leurs seins nus à travers la grille du confessionnal.

Une envie qui démange tous les captifs naît et grandit en lui : celle de s'échapper du piège dans lequel il est pris. Il bâille à la chapelle. Pourquoi prier un Dieu qu'il n'a plus envie de servir ? Il n'en fiche plus une rame à l'étude : à quoi bon se casser le derrière pour se voir dépassé par ce fayot de Barnholzer. En classe, il brave ouvertement Barberousse qui n'en croit pas ses oreilles et le menace des foudres disciplinaires. Le Changala lui jette à la tête son livre de latin en criant *alea jacta est.* Barberousse le reçoit presque entre les machoires tant la surprise fait béer sa bouche. Avant qu'il ne la referme, le Changala lui expédie encore la boîte pleine d'eau qui est sur le radiateur.

On peut considérer ce vilain réflexe comme un geste de fou. On peut y voir également un crime de lèse-autorité. Le Changala se rend compte que Barberousse se demande dans quelle catégorie le classer. Il sait aussi qu'on pardonne plus volontiers à un dingue qu'à un révolté. Alors il en rajoute. Il sort de la classe, court à la chapelle, attaque l'autel, arrache la nappe, abat les cierges, voit plusieurs soutanes courir à ses trousses, leur échappe en sautant par la fenêtre,voit d'autres pères lui barrer le chemin, se défend contre l'encerclement en tirant la barbe du bon Père Simon, en écrasant les orteils du bon Père Goepfert, en donnant un coup de tête dans l'estomac du Père Vogel (je sais bien que ce n'est pas le moment de le rappeler mais n'oubliez pas de prononcer Fog'l), en mordant le doigt du Père Ritter, se laisse enfin maîtriser, parce qu'on ne calme pas sa rage par des injures ou des coups, on l'apaise par des mots tendres, des paroles affectueuses, des caresses et des embrassements. Ah ! les bons serviteurs de Dieu que voilà et comme ils savent être gentils pour le diable...

Mais à présent qu'ils le tiennent, ils ne vont pas le lâcher, quitte à l'étouffer un peu entre leurs barbes. Ils le font monter en voiture et en route pour le grand hôpital de Mulhouse, section des agités. Coincé entre le Père Goepfert et le Père Bohn, le Changala réalise la situation dans laquelle il s'est mis et on ne peut pas dire que les sombres soutanes de ses gardiens la lui font voir en rose... Est-ce une astuce ? Est-ce un mouvement de l'âme ? Le Changala se met à chanter le *Magnificat*. Je ne vous l'ai pas encore dit mais le petit salaud possède une voix d'ange, sans doute la plus belle du collège puisqu'il est le soliste de la chorale. Le timbre de cristal fait son effet. Les deux religieux, visiblement bouleversés par cet enfant qui a perdu la raison et qui chante le cantique de la Sainte Vierge, ne peuvent retenir leur émotion. Le Changala voit des larmes rouler sur leurs joues et disparaître dans leurs barbes. Alors il en remet et chante encore l'*Ave, maris stella* et le *Regina Coeli.*

Une heure plus tard, il ne chante plus. Il est à l'hôpital du Hasenrain, cloué sur une table d'opération. Pendant que le Père Goepfert, le Père Bohn et deux bonnes sœurs lui entravent les mains et les pieds, le psychiatre de service lui fait une ponction lombaire. Ce n'est plus un cantique qui s'échappe de sa bouche. Sous la seringue qui le transperce, il hurle comme un fou... Comme un fou qu'il n'est pas car l'examen du liquide céphalo-rachidien laisse entendre qu'il est normal. Autrement dit, qu'il n'est pas fait pour la vie religieuse.

On le rendit à ses parents. Papa, qui manquait rarement une occasion de célébrer l'intelligence, la docilité, le zèle, la franchise et les innombrables qualités de son fils, devint infiniment plus réservé. En tout cas, il ne me dit jamais plus que je serais l'honneur de la famille.

Et puis, ma grand-mère mourut et mon enfance s'en fut avec elle. Je ne revins plus guère en Alsace, sinon pour prendre quelques leçons de bonheur auprès de l'oncle Fouchs. Vers la fin des années trente, il entendit, à la radio, l'*Ondine* de Giraudoux (auteur français passionné de culture germanique) qui s'était inspiré de l'*Undine* de la Motte-Fouqué (auteur allemand d'origine française). Il me recopia cette réplique de la petite Ondine, amoureuse du chevalier Von Wittenstein zu Wittenstein : « *Il s'appelle Hans... J'aurais dû m'en douter... Quand on est heureux et qu'on ouvre la bouche, on dit*

Hans ! » Puis il ajouta : « Puisse ton nom fleurir sur toutes les lèvres, mon neveu. »

Mais on était en 1939, la guerre allait éclater et le bonheur devenir un rêve impossible en Europe.

Joyeux anniversaire. Le surdoué.
L'idée qu'on appelle fixe parce qu'elle revient tout le temps. L'enfance recommencée.

Vous avez peut-être vu, dans les spots publicitaires des étranges lucarnes, une merveille blonde sortir de la mer avec un corps de déesse et un poisson au bout de son trident. N'en déplaise au poète, le mouvement si joliment balancé qui déplace ses lignes la rend plus émouvante que les Vénus classiques et celles du Titien ou de Botticelli, pour admirable que soit leur nudité, peuvent aller se rhabiller... C'est une beauté de ce genre qui entra dans ma maison le jour de mes quarante ans.

Ne m'enviez pas trop vite. Ce n'était pas moi qui l'attirais. La merveille était une étudiante batave, venue à Paris pour apprendre notre langue. Mon fils, l'ayant rencontrée chez des amis, sentit naître en lui une irrésistible vocation de répétiteur de français. Il lui donna des leçons de plus en plus approfondies et, découvrant en elle une grande soif de connaissance, il lui dispensa d'autres enseignements.

Son zèle ayant porté son fruit, le répétiteur vint un soir, l'oreille basse, m'entretenir du souci que lui donnait son élève. Je connaissais trop bien la question pour ne pas comprendre aussitôt : la Batave et le Français nous préparaient une surprise franco-batave. Malheureusement, la famille hollandaise, qui ne badinait pas avec la morale, ne voulut pas entendre parler d'un enfant conçu sans la bénédiction du Seigneur. Ce fut la famille française dont les mœurs étaient beaucoup plus relâchées qui décida d'accueillir l'enfant du péché. Je dis à mon fils de nous amener son élève et maîtresse. C'est ainsi que Mlle Gertrude Bidlot de Rennet (Tutti pour les intimes) entra chez moi le jour de mes quarante ans et, dans un élan de reconnaissance spontanée, me sauta au cou en disant « merci papa ».

S'entendre appeler papa par une Vénus dont l'allure et les formes invitaient plutôt à lui pincer la taille, ce fut un coup si rude pour le vieux Hans qu'il dût s'y reprendre à plusieurs fois pour souffler les quarante bougies de son gâteau d'anniversaire. Quelques mois plus tard, je reçus le second choc en devenant grand-père...

Inutile de vous dire que le cercle de famille applaudit à grands cris et que l'enfant du péché devint le roi de la maison. J'étais le seul à lui faire grise mine. D'abord parce que sa mère et lui m'avaient écarté de ma chambre, ensuite parce qu'il m'avait rendu grand-père dix ans trop tôt, enfin parce que j'étais agacé de voir les miens s'extasier sur ses risettes, accompagner ses gazouillements, s'attendrir sur le contenu de ses couches et donner les signes du plus affligeant gâtisme.

Mais peu à peu, je me laissai gagner par la personnalité de l'intrus. Il y avait du Pantagruel en ce gaillard-là, autrement dit de l'Alsacien. Il avait quelques semaines à peine lorsque, sablant le champagne à l'occasion de quelque fête, mon frère eut l'idée de tremper le doigt dans son verre et d'humecter les lèvres du nourrisson. Intéressé par le goût pétillant de cette nouvelle tétée, il happa le doigt du vieux Pierri et le retint captif entre ses gencives. Le malheureux dut lui pincer le nez pour récupérer sa phalangette.

A neuf mois, il marchait, tirait la langue, faisait des pied de nez et ne demandait visiblement qu'à s'initier à la gestuelle du bras d'honneur. Quant aux femmes, dès qu'il en voyait une à l'horizon, il courait se rouler dans ses jupes. A condition qu'elle soit à son goût.

On l'avait appelé Jean-François. Je le surnommai *Lumpi*, qui peut se traduire par petit gueux ou petit gredin et que j'employais, naturellement, par antiphrase. A deux ans, il avait une véritable passion pour la *Marche turque des ruines d'Athènes*. Vous pouviez toujours cacher le disque, il le retrouvait parmi des dizaines d'autres et vous le tendait en criant : « Turque, Turque » jusqu'à ce qu'on le mette sur le plateau. Il restait debout devant l'appareil, une main sur la poitrine et l'autre derrière le dos dans une attitude qui semblait inspirée de Napoléon Ier.

Puis le couple franco-batave se défit (l'Europe rose, celle des oreillers, est aussi difficile à faire que l'Europe verte, celle des étables ou des champs) et j'héritai, si on peut dire, du jeune Lumpi. Il étonna bientôt les pédagogues et les psychotechniciens par l'étendue de ses connaissances et le niveau de son quotient intellectuel. Au cinéma ou à la télé, lorsqu'il suivait un film policier, il repérait l'assassin dès les premières séquences, si tordu que soit le scénario.

Un surdoué, comme on dit de nos jours. Aux alentours de sa dixième année, il entreprit de créer un nouveau continent. Un continent composé de sept pays dont il imagina l'histoire, la géographie, la faune, la flore, la littérature, les arts, la presse, les armées, allant jusqu'à dessiner les avions, les navires, les uniformes...

J'ai dit un surdoué pour ne pas dire un cinoque. C'était aussi un nocturne, un véritable hibou. Il dormait cinq à six heures par nuit, consacrant le reste à ses créations. Combien de fois, voyant de la lumière sous sa porte à deux heures du matin, je suis allé le supplier de laisser son continent tranquille et de se coucher. Il acceptait. A condition que j'écoute le récit de la victoire du général Suif à la bataille de Poëlidon. Ou quelque autre invention historique, littéraire ou scientifique... Nous nous amusions bien. Surtout le plus vieux de nous deux.

Puis sa mère le reprit, c'était son droit. Ma femme et moi nous nous retrouvâmes seuls, orphelins de notre petit-fils. Son père, s'étant laissé capturer par des chasseurs de cerveaux, vivait dans la Silicon Valley où il mettait au point je ne sais quel métalangage dont il a vainement tenté de me faire pénétrer les arcanes. Je n'y compris goutte. M. Lumpi, en revanche, qui suivait attentivement la conversation, se mit à frétiller comme Archimède dans sa baignoire et cria joyeusement : « J'ai saisi. »

Vous pensez bien que le créateur de continent subit, lui aussi, la fascination de l'Amérique. Quand il eut dix-huit ans, il brisa le cœur de sa mère comme elle avait brisé le nôtre et rejoignit son père en Californie...

Je suis allé le voir l'an dernier à Palo Alto. Il mesurait un mètre quatre-vingt-quatre et portait une fine moustache que je dirai française (celle de Pierre Fresnay dans la *Grande Illusion*). Quant à l'esprit, je tombai en plein remue-méninges. Une grande idée l'habitait. Une œuvre littéraire ? Un projet politique ? Une découverte scientifique ? Il était trop tôt pour en parler. Il me dit :

— Connais-tu François d'Assise ?

— Bien sûr.

— As-tu remarqué que c'est en se concentrant uniquement sur Dieu qu'il est devenu saint ?

Il ne me laissa pas le temps de répondre et reprit :

— Connais-tu Rothschild ?

— Naturellement.

— Sais-tu que c'est en se concentrant exclusivement sur le fric qu'il est devenu milliardaire ?

Encore une fois, il n'attendit pas la réponse et dit :

— Connais-tu Lénine ?

— J'en ai entendu parler.

— T'es-tu rendu compte que c'est en se concentrant sur un seul objectif qu'il a foutu le bordel en Russie et fait triompher la Révolution ?

— Si j'ai bien compris, tu as une idée toi aussi ?

Il se contenta de hocher la tête mais je pus lire dans son regard que la trouvaille ferait du bruit.

Pendant tout ce dialogue, j'étais assis dans un fauteuil de jardin. Lui tournait autour de moi, s'arrêtait une seconde pour arracher une feuille aux lauriers-roses et reprenait sa révolution. J'étais comme dans l'œil d'un cyclone, lequel ne tarda guère à m'emporter dans ses tourbillons...

Ce n'est que la veille de mon départ que l'ouragan se calma. Il faut vous dire que je suis affligé de troubles étranges que la science médicale attribue à un disfonctionnement des motoneurones alpha. Quand ces petites créatures me lâchent, j'ai l'impression d'avoir le château du Haut-Kœnigsbourg sur les épaules, ce qui m'oblige à m'allonger. Ce soir-là, je me trouvais au lit, plus ou mois assommé par la fièvre. Sentant une présence, j'entrouvris un œil et vis l'extravagant Mister Lumpi assis à mon chevet. Je l'interrogeai :

— Qu'est-ce que tu fais là ?

— Je te regarde dormir.

— Pourquoi ?

— Parce que demain, je ne te verrai plus.

La tendresse n'étant pas son fort, je fus bouleversé par l'attachement dont témoignait la phrase. Je laisse souvent entendre à mes héritiers que je ne me fais aucune illusion sur ce qui m'attend au bout de la vieillesse. Je mourrai comme le Père Goriot abandonné par ses filles ou comme Jean Valjean délaissé par Cosette et Marius. Il va sans dire que je plaisante, mais comme ces incorrigibles railleurs qu'étaient Heinrich Heine et l'oncle Fouchs, c'est quand je plaisante que je suis le plus sérieux. J'y allai donc de mon *Tuquoque :*

— Toi aussi, Lumpi, tu m'abandonneras.

Le créateur de continent posa la main sur mon épaule et dit :

— Jamais ! Je t'aiderai, je te protégerai...

Le château du Haut-Kœnigsbourg se fit plus léger qu'un nuage et j'eus soudain un demi-siècle de moins sur les omoplates.

Je regardais le gaillard qui me promettait aide et protection et je sentis nos rôles s'inverser. Il acquérait l'autorité du grand-père. Je lui donnais la confiance du petit-fils. Bref, je retrouvais mon enfance. Une enfance pleine de grâce et de joie qui était aux antipodes du gâtisme. Celle dont il faut, dit-on, posséder l'esprit pour entrer au royaume des cieux.

C'est que j'ai besoin d'y croire, à ce royaume. Ne serait-ce que pour y revoir mon père, ma mère, ma grand-mère, mes autres disparus... Sans parler de l'oncle Fouchs — mort un vendredi saint, enseveli le jour de Pâques, on le reconnaît bien là — qui a dû retrouver, dans le paysage céleste, l'équivalent des petites vallées d'ici-bas. Je l'imagine assis parmi les anges, qui lui demandent ce qu'était le bonheur sur la terre. Il va sans dire qu'il a changé de manières et qu'il n'apostrophe plus son auditoire. Il sourit gravement et, tandis que les bienheureux dressent l'oreille, apparemmment aussi ravis que ses compagnons de naguère, l'oncle Fouchs, d'une voix dont il ne cherche pas à taire la nostalgie, commence à raconter : « Il était une fois le Florival. »

DANS LA MÊME COLLECTION

Déjà parus :

Clément Lepidis
Des Dimanches à Belleville

Jean-Jacques Brochier
Une enfance lyonnaise au temps du Maréchal

Marcel Jullian
Châteaurenard mon soleil

René Henoumont
Café liégeois

A paraître :

Jean Anglade
Mes montagnes brûlées

Gabriel Delaunay
Le Petit Chouan

« Le Hans du Florival »,
a été achevé d'imprimer
en octobre 1984 sur les presses
de l'imprimerie Mame à Tours
pour les éditions ACE à Paris.
N° éditeur : 0022
N° impression : 10758
Dépôt légal : octobre 1984
Printed in France.

Pour les 37 printemps de mon Marc Chéri
23 Novembre 1984
Micheline Stampfler